はじめての超カンタン韓国語

増田 忠幸 監修
栗畑 利枝 著

駿河台出版社

＊付属の CD-ROM についての注意事項

・収録されているファイルは、MP3 形式となっております。パソコンで再生するか（iTunes、Windows Media Player などの音楽再生ソフト）あるいは MP3 プレーヤーに取り込んで聞いてください。(CD プレーヤー及び DVD プレーヤーでは再生できません。無理に再生しようとすると、プレーヤーを破損する恐れもありますので、十分ご注意ください。) パソコンやソフトウェアの使用方法はそれぞれのマニュアルをご覧ください。

まえがき

안녕하세요!（アンニョンハセヨ：こんにちは）

　皆さんは韓国のどんなところに魅かれましたか？ 料理ですか？ それともドラマやK-popですか？ 最近はドラマの影響で歴史に興味があるという方もいらっしゃいますね。また栄養のバランスも良くおいしい韓国料理は非常に人気があり、最近では料理教室も開かれているようです。また、韓国好きといえば一昔前までは女性が多かったのですが、今や性別、世代を問わず様々なジャンルにおいて愛され、その話題が尽きることがありません。

　そんな韓国の魅力にじかに触れてみたい！ と韓国に旅行される方のために旅先で必要最低限の単語とフレーズを中心に扱った本を書きました。超基本単語では場面、用途別に単語を整理し、超基本文型ではよく使われる文型を10個に絞り使い方をわかりやすく載せています。

　最近では日本語の通じる観光地が多くなってきましたが、ガイドブックと本書を片手に勇気を出して「안녕하세요!（アンニョンハセヨ：こんにちは）」「감사합니다.（カムサハムニダ：ありがとうございます）」と言ってみましょう。きっと現地の人たちは「한국말 잘하시네요!（ハングンマル　チャラシネヨ：韓国語お上手ですね!）」とにこやかに応えてくれるでしょう。情に厚く、フレンドリーでパワフルな人たちとの交流に本書が少しでもお役にたてれば幸いです。

　最後に編集に尽力してくださった駿河台出版社の浅見忠仁さん、お忙しいなか監修をしてくださった増田忠幸先生に心より感謝申し上げます。

2015年　吉日　栗畑利枝

本書の使い方

はじめて韓国語を学ぶ方が学びやすいよう、さまざまな工夫を凝らしました。付属の音声も十分活用し、「聞く」、「読む」、「話す」、「書く」の4要素をしっかり練習してください。大事なのは声に出すことです。音声をマネ、どんどん声を出しましょう！

発音

韓国語についての基本的な解説とハングル・発音の基礎を説明しています。
音声は韓国語→日本語の順で収録しています。

超 基本単語

韓国語の基礎となる超基本単語を集めました。
音声は日本語→韓国語の順に収録しています。

超 基本文型Ⅰ

超基本的な文型を解説しています。しっかり覚えましょう！
音声は、日本語→韓国語の順に収録しています。

- MP3ファイルのトラックNo.です。
- 基本文型の公式です。
- 超重要単語ですので、しっかり覚えましょう。
- カタカナルビ。慣れてきたら赤シートで隠して読んでみましょう。

4

超 基本文型 II

動詞・形容詞をプラスし、さらに多彩な表現を覚えましょう！
音声は、日本語→韓国語の順に収録しています。

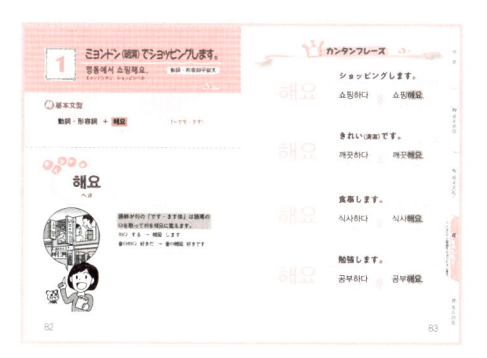

超カンタンフレーズワイド

ちょっとずつことばを増やして、韓国語の表現を増やしましょう！超基本文型IIでは、動詞・形容詞をプラスし、より複雑な表現に挑戦しましょう！音声は、日本語→韓国語→韓国語のみの順で収録しています。

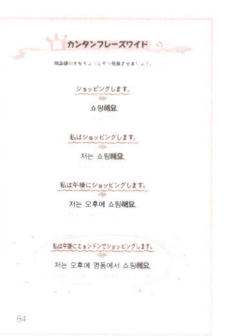

手で覚える韓国語！

うすい字をなぞり、そのあと自分で書いてみることで、単語や例文をしっかり記憶に定着させましょう。

超 基本会話

旅行などのいろいろな場面で使える会話集です。まるごと覚えてしまいましょう。
音声は韓国語のみです。

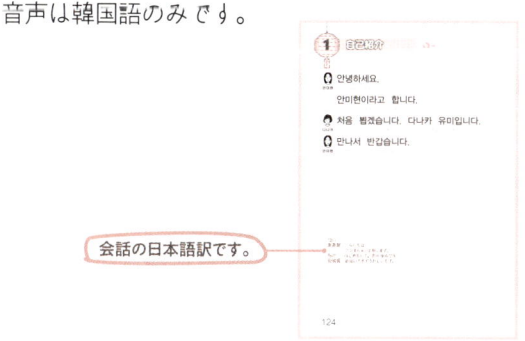

会話の日本語訳です。

5

もくじ

本書の使い方 　　　　　　　　　　　　　　　　　　　　　　4

発音
韓国語の自己紹介 　　　　　　　　　　　　　　　　　　　10
ハングルを覚えよう 　　　　　　　　　　　　　　　　　　13

超 基本単語
1 　数字　漢数字（漢数詞）／漢数詞を使う単位／固有数字（固有数詞）　　38
2 　時間・曜日　時間に関する言葉／年／月／日／曜日　　42
3 　場所　場所に関する言葉①地名／場所に関する言葉②その他／位置に関する言葉　　47
4 　生活　生活に関する言葉／家族の呼び方　　50
5 　あいさつ表現　基本あいさつ／お願い　　52
6 　基本形容詞　味覚・感覚／その他　　55
7 　主な助詞　　57
8 　練習してみましょう　　58

超 基本文型Ⅰ
1 　私は日本人です。（名詞平叙文）　　60
2 　私は学生ではありません。（名詞否定文）　　64
3 　これは本です。（指示代名詞）　　68
4 　これは何ですか？（疑問詞疑問文）　　72
5 　時間があります。（存在詞）　　76

韓国についてのプラスアルファ①　韓国の祝祭日　　80

超 基本文型 II

1	ミョンドン（明洞）でショッピングします。（動詞・形容詞平叙文）	82
2	タクシーに乗ります。（動詞・形容詞平叙文）	86
3	サムギョプサルを食べます。（動詞・形容詞平叙文）	90
4	キムチを食べません。（안否定文）	94
5	今日は行けません。（못否定文）	98
6	市場に行きました。（過去時制）	102
7	キョンボックン（景福宮）に行きたいです。（願望表現）	106
8	イテウォン（梨泰院）に行くつもりです。（未来時制）	110
9	歩いて行けます。（可能表現）	114
10	写真を撮ってもいいですか？（許可表現）	118

単語のおかわり　身体の部位　　122

超 基本会話

1	自己紹介	124
2	両替する	125
3	ホテルで（チェックイン／チェックアウト）	126
4	注文する	128
5	買い物	130

韓国についてのプラスアルファ②　韓国料理　　132

単語帳　　133

発音

発 音

発音の基礎をここでしっかり学びます。
音声をマネ、カタカナ表記をヒントに
何度も声を出して練習しましょう！

韓国語の自己紹介

韓国語

　本書で学ぶ「韓国語」とは現在大韓民国で使用されている言葉です。韓国語はハングルという独特な文字を使って表記します。ハングル文字を使用する言語は他にも北朝鮮で使われている朝鮮語がありますが、表記法や使用する単語に多少の違いがあっても意志疎通にはほとんど問題がありません。

ハングル

　日本語で言えばひらがなやカタカナ、英語ならアルファベットにあたります。朝鮮王朝の第4代世宗大王の指導のもとでつくられ、1446年に公布されました。それまでは中国の漢字を使って韓国語をあらわしていましたが、ハングルの登場により韓国語を独自の文字であらわすことができるようになりました。

韓国語の文法

　文法の順番や時制など、日本語と似ている部分が多いので比較的学びやすい言語であると言えるでしょう。

例）**私は韓国に行きます。**

　　저는　　한국에　　가요.
　チョヌン　ハングゲ　　カヨ
　　私は　　韓国に　　行きます。

　このように韓国語と日本語は語順が同じで、主語、助詞、述語などの単語一つ一つが対応しています。若干の違いはありますが、単語を組み合わせていけば文章を作ることができます。

漢字語

　韓国語の60%以上を占めていると言われています。漢字の読み方は1種類しかないものがほとんどなのでハングルでの読み方を覚えていくと、漢字語に限り

ますが初めて見る単語でも意味を推測しやすくなります。中には日本の漢字語と同じものもあるので関連づけて覚えていくと良いでしょう。

例) 会社 회사
フェサ

社会 사회
サフェ

学科 학과
ハクックヮ

科学 과학
クヮハク

外来語

韓国語にも外来語があります。本来の音をハングルで表記していますので、同じ単語でも本来の音や、日本語の音とはかなり差がありますので気をつけて練習しましょう。

例) コーヒー 커피
コピ

分かち書き

文章を書くときに英語と同じように単語と単語の間にはスペースを空けます。助詞と語尾以外は分かち書きをするのが原則です。

例) 私は日本の人（日本人）です。

저는 일본 사람이에요.
チョヌン　イルボン　サラミエヨ

語尾の種類

「합니다（ハムニダ）体」と「해요（ヘヨ）体」の2種類があります。両方とも「です・ます」にあたる言い方ですが、「합니다体」は格式のある話し方で主に公式の場所や、上下関係のはっきりした場所で使われています。軍隊で使われているので男性が多く使うイメージを持っている人もいます。「해요体」は「합니다体」よりもカジュアルでやわらかい印象を与えます。（普段の会話で多く使われている話し方ですが、お礼を言うときや謝るときなど、状況によっては「합니다体」を使うこともあります）本書では一般的に使われている「해요体」を学ぶこととします。

辞書の引き方

辞書を引くときはその文字を構成している子音→母音→パッチムの順番で引いていきます。

1. 子音の順序

ㄱ、ㄲ、ㄴ、ㄷ、ㄸ、ㄹ、ㅁ、ㅂ、ㅃ、ㅅ、ㅆ、ㅇ、ㅈ、ㅉ、ㅊ、ㅋ、ㅌ、ㅍ、ㅎ

2. 母音の順序

ㅏ、ㅐ、ㅑ、ㅒ、ㅓ、ㅔ、ㅕ、ㅖ、ㅗ、ㅘ、ㅙ、ㅚ、ㅛ、ㅜ、ㅝ、ㅞ、ㅟ、ㅠ、ㅡ、ㅢ、ㅣ

3. パッチムの順序

ㄱ、ㄲ、ㄳ、ㄴ、ㄵ、ㄶ、ㄷ、ㄹ、ㄺ、ㄻ、ㄼ、ㄽ、ㄾ、ㄿ、ㅀ、ㅁ、ㅂ、ㅄ、ㅅ、ㅆ、ㅇ、ㅈ、ㅊ、ㅋ、ㅌ、ㅍ、ㅎ

例）한국：(韓国) を引くときは次の順序で引きます。
　　한：ㅎ（子音）→ ㅏ（母音）→ ㄴ（パッチム）
　　국：ㄱ（子音）→ ㅜ（母音）→ ㄱ（パッチム）

ハングルを覚えよう

ハングルのしくみ

　ハングルは基本的に子音と母音を組み合わせて使います。
　アルファベットで日本語の「あ」の音は a、「か」は ka とあらわすようにハングルの子音と母音を組み合わせます。

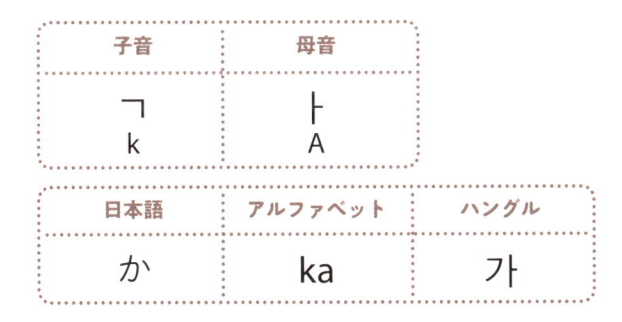

子音	母音
ㄱ k	ㅏ A

日本語	アルファベット	ハングル
か	ka	가

　アルファベットは子音と母音が常に横に組み合わされますが、ハングルは母音が一つに子音が最大3つまで、縦や横に4通りあります。

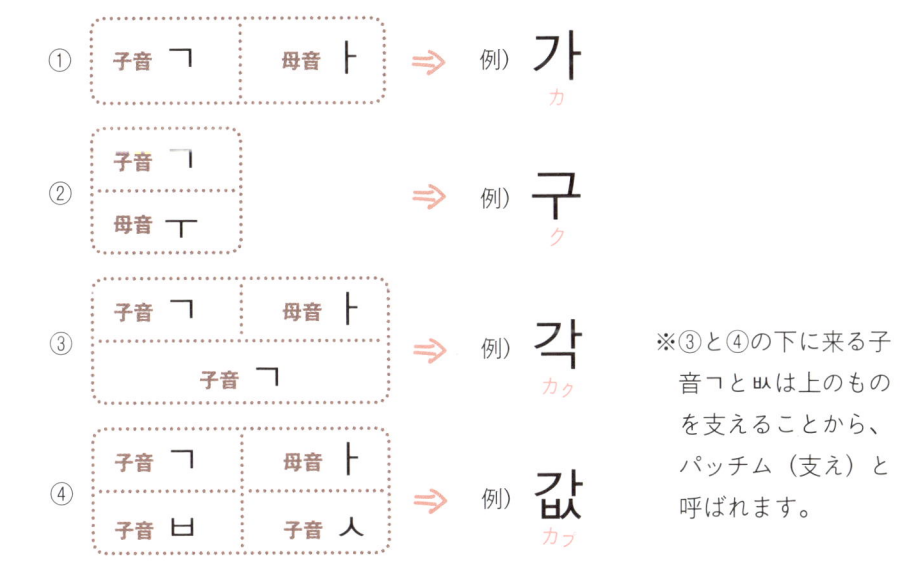

① 子音 ㄱ ／ 母音 ㅏ ⇒ 例) 가 （カ）

② 子音 ㄱ ／ 母音 ㅜ ⇒ 例) 구 （ク）

③ 子音 ㄱ ／ 母音 ㅏ ／ 子音 ㄱ ⇒ 例) 각 （カㇰ）

④ 子音 ㄱ ／ 母音 ㅏ ／ 子音 ㅂ ／ 子音 ㅅ ⇒ 例) 값 （カㇷ゚）

※③と④の下に来る子音ㄱとㅄは上のものを支えることから、パッチム（支え）と呼ばれます。

ハングルの音

　ハングルの子音は 19 個、母音は 21 個あります。子音と母音の組み合わせによる音の種類は実に多様で日本語では同じ音に聞こえるようでも、全く違う音の場合もあります。まず初めに音声をよく聞いて音のイメージをつかみ、テキストで口の形や舌の位置などを確認しながら発音練習していくとよいでしょう。書くときは日本語と同じように上から下、左から右に書いていきます。

1. 基本母音

　韓国語の基本母音は 10 個あります。日本語の母音と似ている音もありますが、それよりも口を大きくはっきりと動かして発音するのが上手に発音するコツです。

（1）口を大きく開けて発音するグループ　　🔊 001

아 [a]

「あ」とほぼ同じ発音ですが口をもう少し大きく開けます。

야 [ja]

「や」とほぼ同じ発音ですが口をもう少し大きく開けます。

어 [ɔ]

「あ」と発音するときの口の形で「お」と発音します。

여 [jɔ]

「あ」と発音するときの口の形で「よ」と発音します。

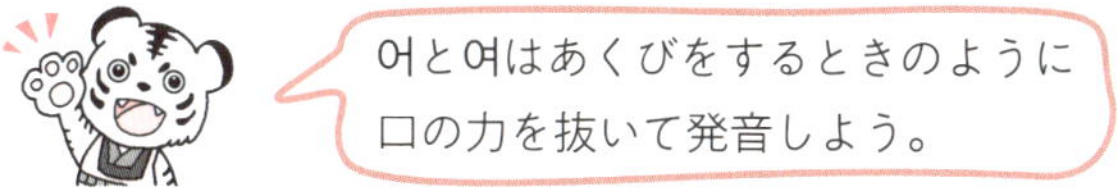

어와 여는 あくびをするときのように口の力を抜いて発音しよう。

(2) 口をすぼめ、前に突き出して発音するグループ 002

오 [o] 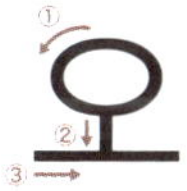
「お」よりも口をすぼめ、唇を前に出して発音します。

요 [jo] 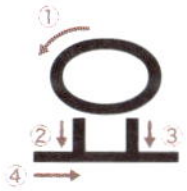
「よ」よりも口をすぼめ、唇を前に出して発音します。

우 [u] 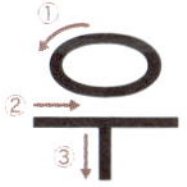
「う」よりも口をすぼめ、唇を前に出して発音します。

유 [ju] 
「ゆ」よりも口をすぼめ、唇を前に出して発音します。

(3) 口を左右に引いて発音するグループ 003

으 [ɯ] 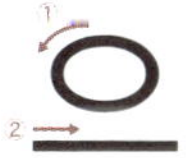
「い」を発音するときよりも口を左右に強く引いて「う」と発音します。

이 [i] 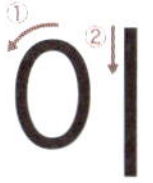
「い」よりも口を左右に強く引いて発音します。

15

発音してみましょう 🔊 004

오 数字の5
オ

우유 牛乳
ウユ

여유 余裕
ヨユ

여우 キツネ
ヨウ

오이 キュウリ
オイ

이유 理由
イユ

2. 子音

9個の基本的な子音に加えて強く空気を出しながら発音する激音と口内にためていた空気を一気に破裂させるように発音する濃音が5個ずつの合計19個から成り立っています。母音との組み合わせでさまざまな音をあらわすことができますが、使わない音もあります。

(1) 基本子音　ㄱ ㄴ ㄷ ㄹ ㅁ ㅂ ㅅ ㅇ ㅈ

唇や口内にストレスをかけずに発音します。このうち平音と呼ばれる「ㄱㄷㅂㅈ」は位置によって音が変わります。色がついているものは全く同じ発音をするものです（点線で囲んである部分の発音は同じです）。日本語の「じ」「ぢ」や「つ」「ず」のように単語によって使う文字を使い分けます。

ㄱ [k/g]　ㄱ↓ 🔊 005

語頭では「か行」、語中や語尾では「が行」の音に似ています。

가	갸	거	겨	고	교	구	규	그	기
カ	キャ	コ	キョ	コ	キョ	ク	キュ	ク	キ

16

発音してみましょう 🔊006

고기 肉　　**가요** 行きます　　**아기** 赤ちゃん
コギ　　　　カヨ　　　　　　　アギ

ㄴ [n] 🔊007

鼻にかかる音で、どの位置でも「な行」の音に似ています。

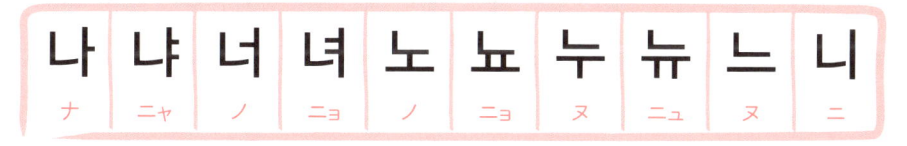

나	냐	너	녀	노	뇨	누	뉴	느	니
ナ	ニャ	ノ	ニョ	ノ	ニョ	ヌ	ニュ	ヌ	ニ

発音してみましょう 🔊008

그녀 彼女　　**아뇨** いいえ　　**나이** 歳
クニョ　　　　アニョ　　　　　ナイ

ㄷ [t/d] 🔊009

語頭では「た行」、語中や語尾では「だ行」の音に似ています。

다	댜	더	뎌	도	됴	두	듀	드	디
タ	ティャ	ト	ティョ	ト	ティョ	トゥ	トゥユ	トゥ	ティ

発音してみましょう 🔊010

가이드 ガイド　　**다** 全部　　**더** もっと
カイドゥ　　　　　タ　　　　　ト

17

ㄹ [r]

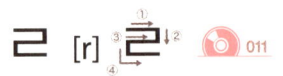

どの位置でも「ら行」の音に似ています。

라	랴	러	려	로	료	루	류	르	리
ラ	リャ	ロ	リョ	ロ	リョ	ル	リュ	ル	リ

発音してみましょう

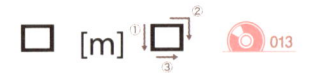

라디오 ラジオ
ラディオ

도로 道路
トロ

나라 国
ナラ

ㅁ [m]

鼻音で、どの位置でも「ま行」の音に似ています。

마	먀	머	며	모	묘	무	뮤	므	미
マ	ミャ	モ	ミョ	モ	ミョ	ム	ミュ	ム	ミ

発音してみましょう

모기 蚊
モギ

머리 頭
モリ

무리 無理
ムリ

ㅂ [p/b] 015

語頭では「ぱ行」、語中や語尾では「ば行」の音に似ています。

바	뱌	버	벼	보	뵤	부	뷰	브	비
パ	ピャ	ポ	ピョ	ポ	ピョ	プ	ピュ	プ	ピ

発音してみましょう 016

부부 夫婦
ププ

두부 豆腐
トゥブ

비누 石鹸
ピヌ

ㅅ [s] 017

どの位置でも「さ行」の音に似ています。

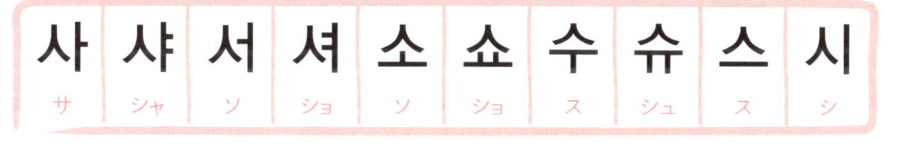

사	샤	서	셔	소	쇼	수	슈	스	시
サ	シャ	ソ	ショ	ソ	ショ	ス	シュ	ス	シ

発音してみましょう 018

소 牛
ソ

사요 買います
サヨ

뉴스 ニュース
ニュス

○ [ŋ] ○ 🔊 019

単独で音はなく、母音をあらわします。字体によっては○の上に点がついていることがありますが、つけなくてもかまいません。

아	야	어	여	오	요	우	유	으	이
ア	ヤ	オ	ヨ	オ	ヨ	ウ	ユ	ウ	イ

発音してみましょう 🔊 020

야구 野球　ヤグ

요리 料理　ヨリ

아마 多分　アマ

ㅈ [tʃ/dʒ] ㅊ 🔊 021

語頭では「ちゃ、ちゅ、ちょ」、語中や語尾では「じゃ、じゅ、じょ」の音に似ています。

자	쟈	저	져	조	죠	주	쥬	즈	지
チャ	チャ	チョ	チョ	チョ	チョ	チュ	チュ	チュ	チ

発音してみましょう 🔊 022

여자 女の人　ヨジャ

주부 主婦　チュブ

주스 ジュース　チュス

(2) 激音　ㅊ ㅋ ㅌ ㅍ ㅎ

　基本的な子音から派生した音で、線や点が一本増えています。全部で 5 個あり、ㅎ以外は一度口内で空気をためた後、勢いよく出しながら発音します。強く発音しない音（これらは平音と呼ばれています）「ㄱㄷㅂㅈ」のように位置によって音が変わることがありません。

> 口の前に手のひらを近付けて発音して、息が出ているか確認するといいよ！

ㅊ [tʃʰ]　023

強く息を吐き出しながら出すㅈの音です。

차	챠	처	쳐	초	쵸	추	츄	츠	치
チャ	チャ	チョ	チョ	チョ	チョ	チュ	チュ	チュ	チ

発音してみましょう　024

차　お茶　チャ

치마　スカート　チマ

고추　唐辛子　コチュ

ㅋ [kʰ]　025

強く息を吐き出しながら出すㄱの音です。

카	캬	커	켜	코	쿄	쿠	큐	크	키
カ	キャ	コ	キョ	コ	キョ	ク	キュ	ク	キ

21

発音してみましょう 🔊026

코 鼻　　**카드** カード　　**커요** 大きいです
コ　　　　カドゥ　　　　　　コヨ

ㅌ [tʰ] **ㅌ** 🔊027

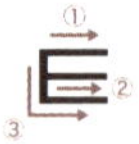

強く息を吐き出しながら出すㄷの音です。

타	탸	터	텨	토	툐	투	튜	트	티
タ	ティャ	ト	ティョ	ト	ティョ	トゥ	トゥュ	トゥ	ティ

発音してみましょう 🔊028

코트 コート　　**토마토** トマト　　**사투리** なまり
コトゥ　　　　　トマト　　　　　　サトゥリ

ㅍ [pʰ] **ㅍ** 🔊029

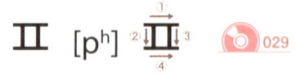

強く息を吐き出しながら出すㅂの音です。

파	퍄	퍼	펴	포	표	푸	퓨	프	피
パ	ピャ	ポ	ピョ	ポ	ピョ	プ	ピュ	プ	ピ

発音してみましょう 🔊030

표 チケット　　**커피** コーヒー　　**스포츠** スポーツ
ピョ　　　　　　コピ　　　　　　　スポチュ

22

ㅎ [h] 흐 031

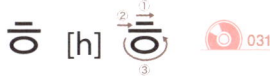

激音に分類されていますが、他の激音のように強く息を出さなくてもかまいません。「は行」と音が似ています。

하	햐	허	혀	호	효	후	휴	흐	히
ハ	ヒャ	ホ	ヒョ	ホ	ヒョ	フ	ヒュ	フ	ヒ

発音してみましょう 032

하나 ひとつ　　후추 コショウ　　하루 一日
ハナ　　　　　フチュ　　　　　ハル

(3) 濃音　ㄲ ㄸ ㅃ ㅆ ㅉ

全部で5個あり、一度息を止めてから一気に空気を出し発音します。日本語の小さい「っ」を前に入れた音と似ています。激音と同様に位置によって音が変わることがありません。こちらは基本的な子音の文字が二つくっついたものと覚えると良いでしょう。

ㄲ [ʔk] 끄 033

「すっかり」の「っか」や「びっくり」の「っく」など、「か行」の音の前に小さい「っ」が入った音に似ています。

까	꺄	꺼	껴	꼬	꾜	꾸	뀨	끄	끼
ッカ	ッキャ	ッコ	ッキョ	ッコ	ッキョ	ック	ッキュ	ック	ッキ

23

発音してみましょう 🔊034

아까 さっき　　까지 まで

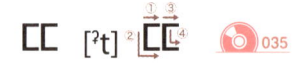

アッカ　　　　　ッカジ

ㄸ [ʔt]

「ぴったり」の「った」や「しっとり」の「っと」など、「た行」の音の前に小さい「っ」が入った音に似ています。

따	땨	떠	뗘	또	뚀	뚜	뜌	뜨	띠
ッタ	ッティャ	ット	ッティョ	ット	ッティョ	ットゥ	ットゥュ	ットゥ	ッティ

発音してみましょう 🔊036

또 また、再び　　허리띠 ベルト

ット　　　　　　　ホリッティ

ㅃ [ʔp]

「はっぱ」の「っぱ」や「ちょっぴり」の「っぴ」など、「ぱ行」の音の前に小さい「っ」が入った音に似ています。

빠	뺘	뻐	뼈	뽀	뾰	뿌	쀼	쁘	삐
ッパ	ッピャ	ッポ	ッピョ	ッポ	ッピョ	ップ	ッピュ	ップ	ッピ

発音してみましょう 🔊038

뼈 骨 　　**기뻐요** 嬉しいです

ッピョ　　　　　キッポヨ

ㅆ [ʔs] ㅆ 🔊039

「あっさり」の「っさ」や「ずっしり」の「っし」など、「さ行」の音の前に小さい「っ」が入った音に似ています。

싸	쌰	써	쎠	쏘	쑈	쑤	쓔	쓰	씨
ッサ	ッシャ	ッソ	ッショ	ッソ	ッショ	ッス	ッシュ	ッス	ッシ

発音してみましょう 🔊040

싸요 安いです　　**비싸요** 高いです

ッサヨ　　　　　ピッサヨ

ㅉ [ʔʧ] ㅉ 🔊041

「抹茶（まっちゃ）」の「っちゃ」や「一兆（いっちょう）」の「っちょ」など、「ちゃ、ちゅ、ちょ」の音の前に小さい「っ」が入った音に似ています。

짜	쨔	쩌	쪄	쪼	쬬	쭈	쮸	쯔	찌
ッチャ	ッチャ	ッチョ	ッチョ	ッチョ	ッチョ	ッチュ	ッチュ	ッチュ	ッチ

25

発音してみましょう 🔊042

짜요 しょっぱいです
ッチャヨ

3. 複合母音

いくつかの母音が組み合わされてできた音で全部で 11 個あり、「わ行」の音に似ています。本書では似ている音を一緒に整理しています。

「エ」系列の音 🔊043

에 [e]	「エ」とほぼ同じように発音します。
애 [ɛ]	「エ」よりも舌とあごの位置を下げ、少し大きく口を開けて発音します。

発音してみましょう 🔊044

주세요 下さい　애교 愛嬌
チュセヨ　　　　　エギョ

「イェ」系列の音 🔊045

예 [je]	「イェ」よりも口を大きく動かします。子音と組み合わせて発音するときは「ㅔ（エ）」の発音になります。
얘 [jɛ]	「예」よりも舌とあごの位置を下げ、少し大きく口を開けて「イェ」と発音します。子音と組み合わせて発音するときは「ㅐ（エ）」の発音になります。

発音してみましょう 🔊046

예 はい　　**시계** 時計　　**얘기** 話
イェ　　　　シゲ　　　　　イェギ

「ワ」の音 🔊047

| 와 [wa] | 「ワ」よりも口を大きく開けてはっきりと発音します。 |

発音してみましょう 🔊048

와요 来ます　　**봐요** 見ます　　**사과** リンゴ
ワヨ　　　　　プァヨ　　　　　サグヮ

> どの単語にどの文字を使うかは特に規則性はないんだ。口に出して書いてを繰り返してね。
> 화이팅！

「ウェ」系列の音 🔊049

웨 [wɛ]	「ウェ」よりも口を大きく動かしてはっきりと発音します。
외 [we]	
왜 [wɛ]	「웨, 외」よりも舌とあごの位置を下げ、若干低めに「ウェ」と発音します。

27

発音してみましょう 🔊050

스웨터 セーター　　**회사** 会社　　**왜요?** なぜですか？

スウェト　　　　　　フェサ　　　　　ウェヨ

「ウォ」の音 🔊051

워 [wɔ]	「ウォ」よりも口を大きく動かしてはっきりと発音します。

発音してみましょう 🔊052

매워요 辛いです　　**추워요** 寒いです

メウォヨ　　　　　　チュウォヨ

「ウィ」系列の音 🔊053

위 [wi]	「우（ウ）」を発音した後にすばやく「이（イ）」を発音します。「ウィ」と音が似ていますが、丸くすぼめた口の形から横一文字に引いた口の形になるため、口が大きく動きます。
※의 [ɰi]	「으（ウ）」を発音した後にすばやく「이（イ）」を発音します。両方とも横一文字に引いた口の形で発音しますので、最初から最後まで口の形は変わりません。ただし、「私の本」のような所有格助詞「の」として使われる場合は「에（エ）」と同じ発音になります。

※単語の2番目以降に使われる場合は「이（イ）」と発音します。
例：여의도（ヨイド：地名）、회의（フェイ：会議）

発音してみましょう 🔊054

위 上
ウィ

뒤 後ろ
トゥイ

의자 椅子
ウィジャ

나의 교과서 私の教科書
ナエ　キョグヮソ

パッチムの音

ハングルのしくみ（13頁）で触れたパッチムの発音の仕方です。

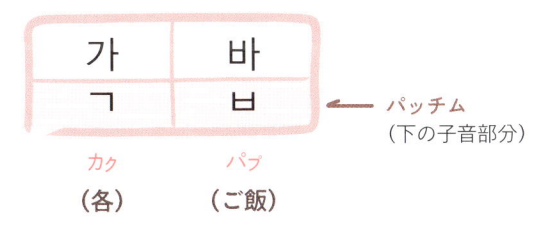

가	바
ㄱ	ㅂ

← パッチム
（下の子音部分）

カク　　パプ
（各）　（ご飯）

　パッチムに複数の子音が来ることもありますが、**発音は「ㄱㄴㄷㄹㅁㅂㅇ」の7つに分類されます**。口や舌の位置、動きに注意しながら日本語の似たような音を手掛かりに練習していきましょう。

パッチム ㄱ [k] の発音

ㄱ [ㅋ ㄲ ㄳ ㄺ]

　「格好（かっこう）」を発音するつもりで「かっ」で止めます。この時に次の音「こ」を発音するために舌の付け根から真ん中あたりが持ちあがりのど側の口内の上につくことを確認してください。

発音してみましょう 055

책 本
チェク

부엌 台所
プオク

パッチムㄴ [n] の発音

ㄴ　[ㄶ　ㄵ]

「簡単（かんたん）」と言うつもりで「かん」で止めて口の動きを意識してみましょう。次の「た」の発音に移る直前で口は軽く開き、舌は前歯の裏から口内の上の部分にかけて密着しているのを意識してください。

発音してみましょう 056

돈 お金
トン

많다 多い
マンタ

パッチムㄷ [t] の発音

ㄷ　[ㅅ　ㅈ　ㅊ　ㅎ　ㅆ]

「言った」を言うつもりで「いっ」で止めます。このとき、次の音「た」を発音するために、舌先が前歯の後ろにくっつく瞬間を意識してください。発音した後は口を閉じないように気をつけましょう。

発音してみましょう 057

받다 受け取る
パッタ

옷 服
オッ

꽃 花
ッコッ

パッチムㄹ [l] の発音

$$ ㄹ \quad [ㄼ^* \quad ㄽ \quad ㄾ \quad ㅀ] $$

口や舌に力をいれずに「あー」と発音します。それから舌先を軽く持ちあげて前歯の後ろに軽く当ててみましょう。微妙な巻き舌のような音がでます。発音が終わるまで舌は前歯の後ろにつけたままにします。

発音してみましょう 🔊058

물 水
ムル

서울 ソウル
ソウル

여덟 (数字の)やっつ
ヨドル

※밟다（踏む）だけはㅂの方を読みます。
パプッタ

パッチムㅁ [m] の発音

$$ ㅁ \quad [ㄻ] $$

「半端（はんぱ）」と発音するつもりで「はん」で止めます。このとき、次の「ぱ」を発音するために、一度口が閉じることを意識してください。このとき、唇には力を入れずリラックスさせます。発音した後に唇が開かないようにしましょう。

発音してみましょう 🔊059

김치 キムチ
キムチ

닮다 似ている
タムタ

パッチムㅂ［p］の発音

ㅂ　［ㅍ　ㅄ　ㄾ］

「やっぱり」を発音するつもりで「やっ」で止めます。次の「ぱ」を発音するために唇が一度閉じて前歯と唇の間から今にも空気が漏れて来そうな形になることを意識してください。このとき、音の最後で舌は前歯に触れず、口内に少し空気をためる感じで上下の唇を閉じて空気の流れを遮ります。

発音してみましょう　060

밥 ご飯
パプ

앞 前
アプ

값 値段
カプ

パッチムㅇ［ŋ］の発音

ㅇ

「銀行（ぎんこう）」と言うつもりで「ぎん」で止めます。このとき、次の「こ」を発音するために、舌の付け根の付近が口内の奥をふさいで空気の流れを止め、「ん」の音が鼻濁音になっていることを意識してください。

発音してみましょう　061

방 部屋
パン

시장 市場
シジャン

発音規則

　ハングルは基本的に子音と母音の組み合わせに従って読みますが、例外もあります。連音化以降はスペルはそのままですが、[ ]のように発音します。

1. 有声音化　062

ㄱㄷㅂㅈは母音やㄴㅁㅇㄹの後ではそれぞれ音が濁ります。

고기 肉
コギ

한국 韓国
ハングㇰ

감기 風邪
カムギ

일본 日本
イルボン

2. 連音化　063

パッチムの次にㅇが来ると、パッチムの音はㅇに移ります。

한국어[한구거] 韓国語　　実際の発音
ハン・グㇰ・オ → ハングゴ

발음[바름] 発音
パル・ウム → パルム

있어요[이써요] あります
イッ・オヨ → イッソヨ

※複数のパッチムがある場合は、単独ではどちらか一つの音を発音しますが、連音化する場合は<u>右側の音が次の母音に移動します。</u>

없어요[업써요] ありません
オプ・オヨ → オプッソヨ

33

3. 口蓋音化 🔊064

①パッチムㄷㅌの次に이が来ると、発音はそれぞれㅈㅊに変わります。

굳이[구지] あえて
クッ・イ → クジ

같이[가치] 一緒に
カッ・イ → カチ

②パッチムㄷの次に히が来ると、発音はㅊに変わります。

닫히다[다치다] 閉まる
タッ・ヒダ → タチダ

4. ㅎ弱音化 🔊065

　母音やパッチムの音ㄴㅇㅁㄹの次にㅎが来ると、ㅎの音は非常に弱くなり、連音化のような現象が起こります。

은행[으냉] 銀行
ウン・ヘン → ウネン

전화번호[저놔버노] 電話番号
チョン・ファ・ポン・ホ → チョヌァボノ

문화[무놔] 文化
ムン・ファ → ムヌァ

결혼[겨론] 結婚
キョル・ホン → キョロン

※パッチムㅎの次に母音が来るとㅎは発音しません。

좋아요[조아요] 良いです
チョ・アヨ → チョアヨ

※次のような場合はㅎを発音せずㄴが次の母音に移ります。

많아요[마나요] 多いです

マン・アヨ → マナヨ

5. 濃音化 066

パッチムの音ㄱㄷㅂの次にㄱㄷㅂㅅㅈが来るとそれぞれㄲㄸㅃㅆㅉと濃音化します。

학생[학쌩] 学生

ハク・セン → ハクッセン

잡지[잡찌] 雑誌

チャプ・チ → チャプッチ

6. 激音化 067

パッチムの音ㄱㄷㅂㅈは次にㅎが来るとそれらの音はㅎに移り、それぞれㅋㅌㅍㅊと激音化します。

입학[이팍] 入学

イブ・ハク → イパク

부탁해요[부타케요] お願いします

プ タヶ ヘ ヨ → プ タ ケ ヨ

※パッチムの音ㅎの次にㄱㄷㅂㅈが来ても同様に激音化します。

좋다[조타] 良い

チョッ・タ → チョタ

싫다[실타] 嫌だ

シル・タ → シルタ

35

7. 鼻音化 🔊 068

①パッチムの音ㄱㄷㅂは次にㄴㅁが来るとそれぞれㅇㄴㅁと鼻音化します。

끝나다[끈나다] 終わる
ックッ・ナダ → ックンナダ

국내[궁내] 国内
クㇰ・ネ → クンネ

박물관[방물관] 博物館
パㇰ・ムル・クヮン → パンムルグヮン

②パッチムの音ㄱㄷㅂは次にㄹが来るとそれぞれㅇㄴㅁと鼻音化し、ㄹはㄴに変わります。

국립[궁닙] 国立
クㇰ・リプ → クンニプ

몇리[면니] 何里
ミョッ・リ → ミョンニ

③パッチムの音ㅁㅇの次にㄹが来るとㄹはㄴの音に変わります。

음력[음녁] 陰暦
ウム・リョク → ウムニョク

종류[종뉴] 種類
チョン・リュ → チョンニュ

8. 流音化 🔊 069

パッチムㄴの音は次にㄹが来るとㄹの音に変わります。逆の場合も同じです。

신라[실라] 新羅
シン・ラ → シルラ

설날[설랄] お正月
ソル・ナル → ソルラル

超 基本単語

まずは覚えたい超基本単語と表現です。
しっかり身につけましょう！

1 数字

[漢数字（漢数詞）]
「いち、に」に該当する数え方です。

1	2	3	4	5
일	이	삼	사	오
イル	イ	サム	サ	オ
6	7	8	9	10
육	칠	팔	구	십
ユク	チル	パル	ク	シプ

10 以降

11	12	13	14	15
십일	십이	십삼	십사	십오
シビル	シビ	シプサム	シプサ	シボ
20	30	40	50	100
이십	삼십	사십	오십	백
イシプ	サムシプ	サシプ	オシプ	ペク
千	万	千万	億	兆
천	만	천만	억	조
チョン	マン	チョンマン	オク	チョ

[漢数詞を使う単位]

年月日　年は년、月は월、日は일であらわします。

2014(이천십사)년 2014年
イチョンシプッサニョン

9(구)월 6(육)일 9月6日
クウォル　　　ユギル

※例外として10月と6月はそれぞれ시월、유월と言います。
シウォル　ユウォル

値段　韓国の通貨単位はウォン（원）です。

3,000(삼천)원 3,000ウォン
サムチョノォン

電話番号　ハイフンに当たる部分は에を使います。

02-1234-6578

공이(에) 일이삼사(에) 육오칠팔
コンイ（エ）　　　イルイサムサ（エ）　　　ユゴチルパル

千、万の場合は1をつけずに言いますので注意しましょう。

いくらですか？
얼마예요?
オルマエヨ

11,100ウォンです。
11,100원이에요.
マンチョンペグォニエヨ

39

[**固有数字（固有数詞）**]

「ひとつ、ふたつ」に該当する数え方です。

※固有数詞に単位をつけて言う場合は（　）の言い方を使います。

ひとつ	ふたつ	みっつ	よっつ	いつつ
※하나(한)	둘(두)	셋(세)	넷(네)	다섯
ハナ（ハン）	トゥル（トゥ）	セッ（セ）	ネッ（ネ）	タソッ
むっつ	ななつ	やっつ	ここのつ	とお
여섯	일곱	여덟	아홉	열
ヨソッ	イルゴプ	ヨドル	アホプ	ヨル

〜人（명）

子供2人、大人5人

아이 2(두)명, 어른 5(다섯)명
アイ　　トゥ　ミョン　　オルン　　タソッ　ミョン

〜個（개）

リンゴ1個（ひとつ）

사과 1(한)개
サグァ　　ハンゲ

このほか「コーヒー1杯」にあたる잔（ジャン）、ボトル状の物を数える「〜本」の병（ビョン）などがあります。

40

10 以降

11	12	13
※열하나(열한)	※열둘(열두)	※열셋(열세)
ヨラナ (ヨラン)	ヨルトゥル (ヨルトゥ)	ヨルセッ (ヨルセ)
14	15	20
※열넷(열네)	열다섯	※스물(스무)
ヨルレッ (ヨルレ)	ヨルタソッ	スムル (スム)
30	40	50
서른	마흔	쉰
ソルン	マフン	シュイン
60	70	80
예순	일흔	여든
イェスン	イルン	ヨドゥン
90	100 以降は漢数詞と同じです	
아흔		
アフン		

時刻を言うときは〜時（시：シ）は固有数詞で、〜分（분：プン）、秒（초：チョ）は漢数詞で言います。「30 分」は韓国語でも「半(반：パン)」という言い方をします。

9(아홉)시 45(사십오)분 9 時 45 分
  アホプシ　　　サシボプン

3(세)시 30(삼십)분/3(세)시 반 3 時 30 分／3 時半
  セシ　　サムシッブン　　セシ　　パン

2 時間・曜日

[時間に関する言葉]

朝 **아침** アチム	昼 **낮** ナッ	夜 **밤** パム
午前 **오전** オジョン	午後 **오후** オフ	
昨日 **어제** オジェ	今日 **오늘** オヌル	明日 **내일** ネイル
先週 **지난주** チナンジュ	今週 **이번 주** イボンチュ	来週 **다음 주** タウムチュ
先月 **지난달** チナンダル	今月 **이번 달** イボンタル	来月 **다음 달** タウムタル
去年 **작년** チャンニョン	今年 **올해** オレ	来年 **내년** ネニョン

[年]

1年	5年	2014年
일 년	오 년	이천십사 년
イルリョン	オニョン	イチョンシプッサニョン

[月]

6月と10月は特別な読み方をします。

1月	2月	3月	4月
일 월	이 월	삼 월	사 월
イロル	イウォル	サムォル	サウォル
5月	6月 ※	7月	8月
오 월	유 월	칠 월	팔 월
オウォル	ユウォル	チロル	パロル
9月	10月 ※	11月	12月
구 월	시 월	십일 월	십이 월
クウォル	シウォル	シビロル	シビウォル

6月10日です。
6월 10일이에요.
ユウォル シビリエヨ

ご予約は何月何日でございますか？
예약이 몇 월 며칠이세요?
イェヤギ ミョドル ミョチリセヨ？

43

[日]

1日 **일 일** イリル	2日 **이 일** イイル	3日 **삼 일** サミル	4日 **사 일** サイル	5日 **오 일** オイル
6日 **육 일** ユギル	7日 **칠 일** チリル	8日 **팔 일** パリル	9日 **구 일** クイル	10日 **십 일** シビル
11日 **십일 일** シビリル	12日 **십이 일** シビイル	13日 **십삼 일** シプッサミル	14日 **십사 일** シプッサイル	15日 **십오 일** シボイル
16日 ※**십육 일** シムニュギル	17日 **십칠 일** シプチリル	18日 **십팔 일** シプパリル	19日 **십구 일** シプックイル	20日 **이십 일** イシビル

※ 16日、26日は例外的な読み方をするので注意しましょう。

21日 이십일 일 イシビリル	22日 이십이 일 イシビイル	23日 이십삼 일 イシプッサミル	24日 이십사 일 イシプッサイル
25日 이십오 일 イシボイル	26日 이십육 일 イシムニュギル	27日 이십칠 일 イシプチリル	28日 이십팔 일 イシプパリル
29日 이십구 일 イシプックイル	30日 삼십 일 サムシビル	31日 삼십일 일 サムシビリル	

ゆめかさん、誕生日はいつですか？
유메카 씨, 생일이 언제예요?
ユメカッシ　　センイリ　　オンジェエヨ

9月6日です。
9월 6일이에요.
クウォル　　ユギリエヨ

[曜日]

毎日 **매일** メイル	毎週 **매주** メジュ	毎月 **매달** メダル	毎年 **매년** メニョン
月曜日 **월요일** ウォリョイル		火曜日 **화요일** ファヨイル	水曜日 **수요일** スヨイル
木曜日 **목요일** モギョイル		金曜日 **금요일** クミョイル	土曜日 **토요일** トヨイル
日曜日 **일요일** イリョイル		平日 **평일** ピョンイル	週末 **주말** チュマル

3 場所

[場所に関する言葉 ① 地名]

日本 **일본** イルボン	東京 **도쿄** トキョ	大阪 **오사카** オサカ
韓国 **한국** ハングク	ソウル **서울** ソウル	釜山 **부산** プサン
明洞 **명동** ミョンドン	狎鴎亭 **압구정** アプックジョン	東大門 **동대문** トンデムン
中国 **중국** チュングク	アメリカ **미국** ミグク	フランス **프랑스** プランス

47

[場所に関する言葉 ② その他]

空港 **공항** コンハン	駅 **역** ヨク	ホテル **호텔** ホテル
病院 **병원** ピョンウォン	銀行 **은행** ウネン	郵便局 **우체국** ウチェグク
学校 **학교** ハクッキョ	会社 **회사** フェサ	食堂 **식당** シクッタン
デパート **백화점** ペックァジョム	免税店 **면세점** ミョンセジョム	コンビニ **편의점** ピョニジョム

[位置に関する言葉]

右側 오른쪽 オルンッチョク	真ん中 가운데 カウンデ	左側 왼쪽 ウェンッチョク
前 앞 アプ	間 사이 サイ	横 옆 ヨプ
上 위 ウィ	後ろ 뒤 トゥイ	下 아래 アレ
近く 근처 クンチョ	中、内側 안 アン	外 밖 パク

4 生活

[生活に関する言葉]

オンドル **온돌** オンドル	テーブル **테이블** テイブル	椅子 **의자** ウィジャ
ベッド **침대** チムデ	布団 **이불** イブル	枕 **베개** ペゲ
浴室 **욕실** ヨクッシル	暖房 **난방** ナンバン	エアコン **에어컨** エオコン
テレビ **텔레비전** テルレビジョン	冷蔵庫 **냉장고** ネンジャンゴ	電子レンジ **전자레인지** チョンジャレインジ

50

[**家族の呼び方**]

　韓国では実際に血がつながっていなくても親しい間柄では親しみを込めて「お姉さん」「お兄さん」と呼ぶことが多いです。上の兄弟を呼ぶときは自分が男か女かによって呼び方が変わりますので注意しましょう。

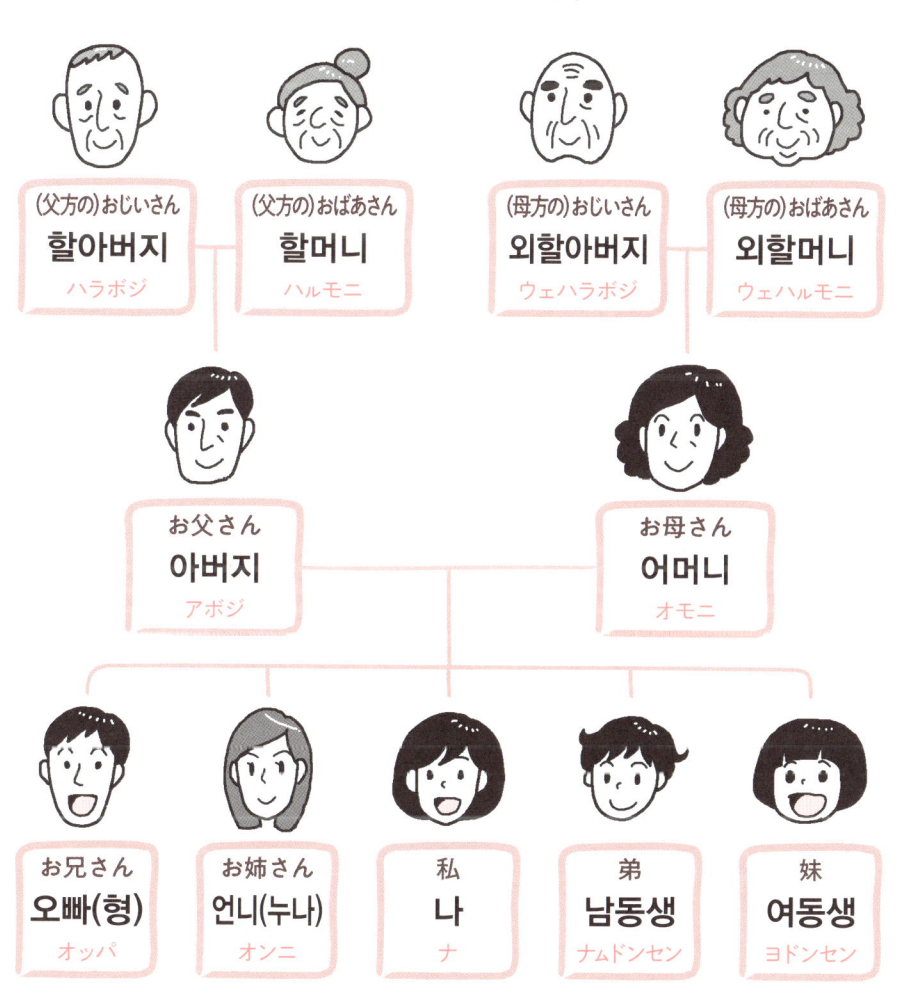

(父方の)おじいさん	(父方の)おばあさん	(母方の)おじいさん	(母方の)おばあさん
할아버지	할머니	외할아버지	외할머니
ハラボジ	ハルモニ	ウェハラボジ	ウェハルモニ

お父さん	お母さん
아버지	어머니
アボジ	オモニ

お兄さん	お姉さん	私	弟	妹
오빠(형)	언니(누나)	나	남동생	여동생
オッパ	オンニ	ナ	ナムドンセン	ヨドンセン

※自分が男の場合はお兄さんは형、お姉さんは누나と呼びます。
　　　　　　　　　　　　　　　　ヒョン　　　　　　　ヌナ

51

5 あいさつ表現 084

[基本あいさつ]

こんにちは。(朝・昼・晩と時間に関係なく)
안녕하세요.
アンニョンハセヨ

はい。	いいえ。
네.	**아뇨.**
ネ	アニョ

ごめんなさい。	申し訳ありません。
미안합니다.	**죄송합니다.**
ミアナムニダ	チェソンハムニダ

ありがとうございます。	感謝しています。
고맙습니다.	**감사합니다.**
コマプッスムニダ	カムサハムニダ

☆「さようなら」は見送る側と去る側で言葉が違います。

안녕히 가세요.
アンニョンヒガセヨ

안녕히 계세요.
アンニョンヒゲセヨ

どういたしまして。 **천만에요.** チョンマネヨ	大丈夫です。 **괜찮아요.** クェンチャナヨ
よろしくお願いいたします。 **잘 부탁합니다.** チャルプタカムニダ	はじめまして。 **처음 뵙겠습니다.** チョウムプェプッケッスムニダ
お会いできて嬉しいです。 **만나서 반갑습니다.** マンナソバンガプスムニダ	もしもし。 **여보세요.** ヨボセヨ
いらっしゃいませ。 **어서 오세요.** オソオセヨ	また来ます。 **또 올게요.** ットオルケヨ
おやすみなさい。 **안녕히 주무세요.** アンニョンヒジュムセヨ	また会いましょう。 **또 만나요.** ットマンナヨ

[お願い]

ください。 **주세요.** チュセヨ	書いてください。 **써 주세요.** ッソジュセヨ
来てください。 **와 주세요.** ワジュセヨ	見せてください。 **보여 주세요.** ポヨジュセヨ
待ってください。 **기다려 주세요.** キダリョジュセヨ	お会計してください。 **계산해 주세요.** ケサネジュセヨ

行ってください。
가 주세요.
カジュセヨ

ここで下ろしてください。
여기서 내려 주세요.
ヨギソ ネリョジュセヨ

もう一度言ってください。
다시 한 번 말해 주세요.
タシハンボン マレジュセヨ

6 基本形容詞

[味覚・感覚]

辛いです。 **매워요.** メウォヨ	苦いです。 **써요.** ッソヨ
しょっぱいです。 **짜요.** ッチャヨ	酸っぱいです。 **셔요.** ショヨ
甘いです。 **달아요.** タラヨ	薄いです。 **싱거워요.** シンゴウォヨ
辛いです。 **※매콤해요.** メコメヨ	脂っこいです。 **느끼해요.** ヌッキヘヨ
熱いです。 **뜨거워요.** ットゥゴウォヨ	冷たいです。 **차가워요.** チャガウォヨ

※辛くておいしいときは매콤해요.を使います。

[その他]　※예뻐요. はきれいだ、すてきだという意味で使われることもあります。

寒いです。 **추워요.** チュウォヨ	肌寒いです。 **쌀쌀해요.** ッサルッサレヨ
暖かいです。 **따뜻해요.** ッタットゥテヨ	暑いです。 **더워요.** トウォヨ
大きいです。 **커요.** コヨ	小さいです。 **작아요.** チャガヨ
安いです。 **싸요.** ッサヨ	高いです。 **비싸요.** ピッサヨ
良いです。 **좋아요.** チョアヨ	悪いです。 **나빠요.** ナッパヨ
可愛いです。 ※**예뻐요.** イェッポヨ	美しいです。 **아름다워요.** アルムダウォヨ

7 主な助詞

～が **가/이** ガ / イ	～は **는/은** ヌン / ウン
～と **하고** ハゴ	～を **를/을**※ ルル / ウル
(時間・場所) ～に **에** エ	～から **부터**(時間)/**에서**(場所) プト / エソ
(時間・場所) ～で **에서** エソ	～まで **까지** ッカジ
(人) ～に **에게** エゲ	(人) ～から **에게서** エゲソ

※日本語と一致しない助詞もあります
　～が好きです　～를/을 좋아해요.
　～に乗ります　～를/을 타요.
　～に会います　～를/을 만나요.

8 練習してみましょう 🎧090

お名前は何とおっしゃいますか？
성함이 어떻게 되세요?
ソンハミ　オットケ　トゥエセヨ

山田ゆめかです。
야마다 유메카 입니다.
ヤマダユメカ　イムニダ

山田ゆめかと申します。
야마다 유메카 라고 합니다.
ヤマダユメカ　ラゴ　ハムニダ

☆ □ に自分の名前を入れて練習してみましょう。

[参考　韓国で多い苗字]

金	李
김	**이**
キム	イ

朴	崔	鄭
박	**최**	**정**
パク	チェ	チョン

超基本文型 I

この章では「〜です」、「〜があります」などの基本的な文型を学びます。
肯定文も質問の文も文末はすで終わりますので、質問の場合は語尾をしっかりと上げて話し、書くときは必ず？をつけましょう。

1 私は日本人です。

저는 일본 사람이에요.
チョヌン イルボン サラミエヨ

名詞平叙文

🎧 091

超 基本文型

名詞 + 예요/이에요　　　（〜です）
　　　　エヨ　　イエヨ

ポイントは

예요 / 이에요
　エヨ　　　　イエヨ

「〜です」は名詞の最後の音にパッチムがあるかないかによって예요または이에요をつなげます。

● 名詞の最後にパッチム なし → 예요

친구　友達　→　친구예요　友達です
チング　　　　　　チングエヨ

● 名詞の最後にパッチム あり → 이에요

여권　パスポート
ヨックォン
　→　여권이에요　パスポートです
　　　ヨックォニエヨ

超カンタンフレーズ 092

友達です。

예요

친구예요.
チングエヨ

会社員です。

이에요

회사원이에요.
フェサウォニエヨ

※質問する時は語尾を上げて話し、書くときは最後に必ず？をつけましょう。

弟(妹)は学生ですか。

이에요

동생은 학생이에요?
トンセンウン　ハッセンイエヨ

超 カンタンフレーズワイド 093

韓国語の文をちょっとずつ発展させましょう。

日本人です。
→
일본 사람이에요.
イルポン　サラミエヨ

私は日本人です。
→
저는 일본 사람이에요.
チョヌン　イルポン　　サラミエヨ

友達は会社員です。
→
친구는 회사원이에요.
チングヌン　　フェサウォニエヨ

友達は韓国人ですか。
→
친구는 한국 사람이에요?
チングヌン　ハングヶ　　サラミエヨ

手で覚える韓国語！

単語チェック　[まず、うすい字をなぞってみて、次にその右に自分で書いてみましょう。]

① 主婦

주부
チュブ

② 私たち

우리
ウリ

③ 学生

학생
ハクッセン

④ アメリカ

미국
ミグッ

文型チェック　[まず、うすい字をなぞってみて、次にその右に自分で書いてみましょう。]

① 私たちは主婦です。

우리는 주부예요.
ウリヌン　チュブエヨ

② 弟（妹）は会社員です。

동생은 회사원이에요.
トンセンウン　フェサウォニエヨ

③ チョルスさんは学生ですか。

철수 씨는 학생이에요?
チョルスッシヌン　ハクッセンイエヨ

④ 友達はアメリカ人です。

친구는 미국 사람이에요.
チングヌン　ミグッ　サラミエヨ

63

2 私は学生ではありません。

저는 학생이 아니에요.
チョヌン ハクッセンイ　アニエヨ

名詞否定文

094

超 基本文型

名詞 + 가 아니에요/이 아니에요　　（～ではありません）
　　　　ガ　アニエヨ　イ　アニエヨ

ポイントは

가 아니에요 / 이 아니에요
ガ　　アニエヨ　　　　イ　　　アニエヨ

否定形「～ではありません」は名詞の最後の音にパッチムがなければ가 아니에요、あれば이 아니에요をつなげます。

과자가 아니에요.　お菓子ではありません。
クヮジャガ　アニエヨ

일본 사람이 아니에요.　日本人ではありません。
イルボンサラミ　アニエヨ

超 カンタンフレーズ 095

가 아니에요

友達ではありません。

친구가 아니에요.
チングガ　　アニエヨ

이 아니에요

化粧品ではありません。

화장품이 아니에요.
ファジャンプミ　　アニエヨ

超カンタンフレーズワイド 096

韓国語の文をちょっとずつ発展させましょう。

学生ではありません。
→
학생이 아니에요.
ハクッセンイ　アニエヨ

私は学生ではありません。
→
저는 학생이 아니에요.
チョヌン ハクッセンイ　アニエヨ

私たちは友達ではありません。
→
우리는 친구가 아니에요.
ウリヌン　チングガ　アニエヨ

友達は会社員ではありませんか？
→
친구는 회사원이 아니에요?
チングヌン　フェサウォンニ　アニエヨ

手で覚える韓国語！

単語チェック　[まず、うすい字をなぞってみて、次にその右に自分で書いてみましょう。]

① 水

물
ムル

② お酒

술
スル

③ 銀行

은행
ウネン

④ 韓国人

한국 사람
ハングッ サラム

文型チェック　[まず、うすい字をなぞってみて、次にその右に自分で書いてみましょう。]

① それは水ではありません。

그것은 물이 아니에요.
クゴスン ムリ アニエヨ

② これはお酒ではありません。

이것은 술이 아니에요.
イゴスン スリ アニエヨ

③ ここは銀行ではないですか？

여기는 은행이 아니에요?
ヨギヌン ウネンイ アニエヨ

④ 私は韓国人ではありません。

저는 한국 사람이 아니에요.
チョヌン ハングッ サラミ アニエヨ

3 これは本です。

이것은 책이에요.
イゴスン　チェギエヨ

指示代名詞

超基本文型

これ	それ	あれ
이것	그것	저것
イゴッ	クゴッ	チョゴッ

ポイントは

이것 / 그것 / 저것
イゴッ　　　クゴッ　　　チョゴッ

指示代名詞「これ、それ、あれ」は日本語とほとんど同じように使うことができます。

超 カンタンフレーズ 098

이것

これはコーヒーです。

이것은 커피예요.
イゴスン　　コピエヨ

그것

それは本ですか？

그것은 책이에요?
クゴスン　　チェギエヨ

저것

あれは本ではありません。

저것은 책이 아니에요.
チョゴスン　チェギ　アーニエヨ

＊実際の会話では이건 그건 지긴（これは・それは・あれは）のように省略
イゴン クゴン チョゴン
して使われることが多いです。

69

超 カンタンフレーズワイド 099

韓国語の文をちょっとずつ発展させましょう。

これは本です。
⬇
이것은 책이에요.
イゴスン　チェギエヨ

これは私の本です。
⬇
이것은 제 책이에요.
イゴスン　チェ　チェギエヨ

それはミヒョンさんの本ですか？
⬇
그것은 미현 씨 책이에요?
クゴスン　ミヒョンッシ　チェギエヨ

あれはミヒョンさんの本ではありません。
⬇
저것은 미현 씨 책이 아니에요.
チョゴスン　ミヒョンッシ　チェギ　アニエヨ

手で覚える韓国語！

単語チェック ［まず、うすい字をなぞってみて、次にその右に自分で書いてみましょう。］

① T-moneyカード（プリペイド式交通カード）

> 티머니 카드
> ティモニ　カドゥ

② お財布

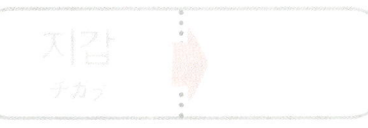

> 지갑
> チガッ

③ 身分証明書

> 신분증
> シンブンッチュン

④ マッコリ

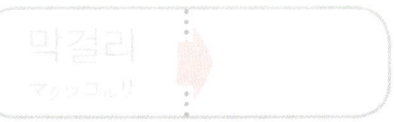

> 막걸리
> マッコルリ

文型チェック ［まず、うすい字をなぞってみて、次にその右に自分で書いてみましょう。］

① それはお財布ですか？

> 그것은 지갑이에요?
> クゴスン　チガビエヨ

② あれはマッコリです。

> 저것은 막걸리예요.
> チョゴスン　マッコルリエヨ

③ これは T-money カードです。

> 이것은 티머니 카드예요.
> イゴスン　ティモニ　カドゥエヨ

④ これは私の身分証明書です。

> 이것은 제 신분증이에요.
> イゴスン　チェ　シンブンッチュンイエヨ

71

4 これは何ですか？

이것이 뭐예요?
イゴシ　　ムォエヨ

疑問詞疑問文

超 基本文型

なに	いつ	どこ	いくら
뭐	언제	어디	얼마
ムォ	オンジェ	オディ	オルマ

ポイントは

뭐 / 언제 / 어디 / 얼마
ムォ　　オンジェ　　オディ　　オルマ

疑問詞を使った質問は日本語と同じように組みたてて使いますが、強調して聞くとき以外は助詞は가/이（が）を使った方が自然です。

超カンタンフレーズ 🎵101

뭐

これは何ですか？
이것이 뭐예요?
イゴシ　ムォエヨ

언제

誕生日はいつですか？
생일이 언제예요?
センイリ　オンジェエヨ

어디

トイレはどこですか？
화장실이 어디예요?
ファジャンシリ　オディエヨ

얼마

それはいくらですか？
그것이 얼마예요?
クゴシ　オルマエヨ

73

超 カンタンフレーズワイド 🔊102

韓国語の文をちょっとずつ発展させましょう。

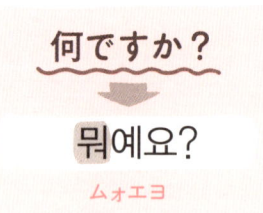

何ですか？
⬇
뭐예요?
ムォエヨ

これは何ですか？
⬇
이것이 뭐예요?
イゴシ　　ムォエヨ

すみません、これは何ですか？
⬇
저기요, 이것이 뭐예요?
チョギヨ　　イゴシ　　ムォエヨ

すみません、あれは何ですか？
⬇
저기요, 저것이 뭐예요?
チョギヨ　　チョゴシ　　ムォエヨ

手で覚える韓国語！

単語チェック ［まず、うすい字をなぞってみて、次にその右に自分で書いてみましょう。］

① 趣味

취미
チュイミ

② 入場料

입장료
イッチャンニョ

③ レジ

계산대
ケサンデ

④ 結婚式

결혼식
キョロンシク

文型チェック ［まず、うすい字をなぞってみて、次にその右に自分で書いてみましょう。］

① 趣味は何ですか？

취미가 뭐예요?
チュイミガ　モエヨ

② 入場料はいくらですか？

입장료가 얼마예요?
イッチャンニョガ　オルマエヨ

③ レジはどこですか？

계산대가 어디예요?
ケサンデガ　オディエヨ

④ 先生の結婚式はいつですか？

선생님 결혼식이 언제예요?
ソンセンニム　キョロンシギ　オンジェエヨ

75

5 時間があります。

시간이 있어요.
シガニ　イッソヨ

存在詞

超基本文型

있어요
イッソヨ
（あります／います）

없어요
オプッソヨ
（ありません／いません）

ポイントは

있어요 / 없어요
イッソヨ　　オプッソヨ

存在をあらわす表現です。日本語には「あります／います」と2種類ありますが、韓国語はひとつです。

있어요 あります／います
イッソヨ
없어요 ありません／いません
オプッソヨ

超カンタンフレーズ 104

友達がいます。

있어요

친구가 있어요.
チングガ　　イッソヨ

時間がありません。

없어요

시간이 없어요.
シガニ　　オプッソヨ

時間がありますか？

있어요?

시간이 있어요?
シガニ　　イッソヨ

もしもし、ミラさんはいますか？
여보세요? 미라 씨 있어요?
ヨボセヨ　　　ミラッシ　　イッソヨ

はい、います。ちょっと待ってください。
네, 있어요. 잠깐만요.
ネ　　イッソヨ　　チャムッカンマンニョ

77

超カンタンフレーズワイド 🎵105

韓国語の文をちょっとずつ発展させましょう。

あります。
→
있어요.
イッソヨ

時間があります。
→
시간이 있어요.
シガニ　イッソヨ

私は時間がありません。
→
저는 시간이 없어요.
チョヌン　シガニ　オプッソヨ

私は今時間がありません。
→
저는 지금 시간이 없어요.
チョヌン　チグム　シガニ　オプッソヨ

手で覚える韓国語！

単語チェック　[まず、うすい字をなぞってみて、次にその右に自分で書いてみましょう。]

① パスポート

여권
ヨックォン

② クレジットカード

신용 카드
シニョンカドゥ

③ 携帯電話

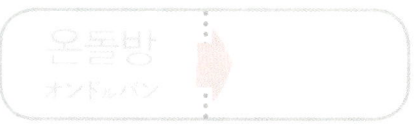

휴대폰
ヒュデポン

④ オンドルの部屋

온돌방
オンドルパン

文型チェック　[まず、うすい字をなぞってみて、次にその右に自分で書いてみましょう。]

① パスポートがありますか？

여권이 있어요?
ヨックォニ イッソヨ

② 携帯電話があります。

휴대폰이 있어요.
ヒュデポニ イッソヨ

③ クレジットカードがありません。

신용 카드가 없어요.
シニョンカドゥガ オプソヨ

④ オンドルの部屋がありませんか？

온돌방이 없어요?
オンドルパンイ オプソヨ

79

韓国についてのアルファ① 韓国の祝祭日

　韓国の祝祭日には新暦と旧暦のものがあり、旧暦の場合は毎年日にちが変わります。特に韓国の2大イベントである旧正月や秋夕は多くの店が休み、交通機関は帰省する人々で混雑しています。

1月1日	新正月（신정：シンジョン）	
旧暦1月21日〜23日	旧正月（설날：ソルラル）	
3月1日	3.1節（삼일절：サミルチョル） 1919年に起きた植民地支配からの独立運動を記念する日	
5月5日	こどもの日（어린이 날：オリニナル）	
旧暦4月8日	釈迦誕生日（석가탄신일：ソッカタンシニル）	
6月6日	顕忠日（현충일：ヒョンチュンイル） 殉国者の冥福を祈る日	
8月15日	光復日（광복절：クヮンボクッチョル） 日本の植民地支配から解放されたことを記念する日	
旧暦8月15日	秋夕（추석：チュソク） 豊作を祈願し、先祖の供養をする	
10月3日	開天節（개천절：ケチョンジョル） 建国記念日	
10月9日	ハングルの日（한글날：ハングルラル） ハングル文字が公布されたことを記念する日	
12月25日	聖誕節（성탄절：ソンタンジョル） クリスマス	

超基本文型 II

この章では「〜です・ます」、「〜できます」「〜したいです」など自分の意志を伝えることができる文型を学びます。基本文型Ⅰと同様に平叙文（肯定文）、疑問文ともに文末は요で終わりますので、質問の場合は語尾をしっかりと上げて話し、書くときは必ず？をつけましょう。

※語幹について
語幹とは動詞、形容詞の語尾である다（動詞、形容詞の語尾は全て다で終わります）のすぐ前にある部分を指します。基本形を「〜です・ます体」にするときは全て「語幹」の形によってつなげる言葉が変わりますので注意しましょう！

가다　　공부하다
↑この部分が語幹↑

1 ミョンドン(明洞)でショッピングします。

명동에서 쇼핑해요.
ミョンドンエソ　ショッピンヘヨ

動詞・形容詞平叙文

106

超基本文型

動詞・形容詞 ＋ **해요**
　　　　　　　　ヘヨ

（～です・ます）

ポイントは

해요
ヘヨ

語幹が하の「です・ます体」は語尾の다を取って하を해요に変えます。

하다　する　→　**해요**　します
ハダ　　　　　　ヘヨ

좋아하다　好きだ　→　좋아**해요**　好きです
チョアハダ　　　　　　チョアヘヨ

82

超 カンタンフレーズ 🎧 107

ショッピングします。

해요

쇼핑하다 ➡ 쇼핑해요.
ショッピンハダ　　ショッピンヘヨ

きれい(清潔)です。

해요

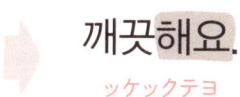

깨끗하다 ➡ 깨끗해요.
ッケックタダ　　ッケックテヨ

食事します。

해요

식사하다 ➡ 식사해요.
シクッサハダ　　シクッサヘヨ

勉強します。

해요

공부하다 ➡ 공부해요.
コンブハダ　　コンブヘヨ

超カンタンフレーズワイド 🎧108

韓国語の文をちょっとずつ発展させましょう。

ショッピングします。
↓
쇼핑해요.
ショッピンヘヨ

私はショッピングします。
↓
저는 쇼핑해요.
チョヌン ショッピンヘヨ

私は午後にショッピングします。
↓
저는 오후에 쇼핑해요.
チョヌン オフエ ショッピンヘヨ

私は午後にミョンドンでショッピングします。
↓
저는 오후에 명동에서 쇼핑해요.
チョヌン オフエ ミョンドンエソ ショッピンヘヨ

手で覚える韓国語！

単語チェック ［まず、うすい字をなぞってみて、次にその右に自分で書いてみましょう。］

① 働く

일하다
イラダ

② 嫌いだ

싫어하다
シロハダ

③ 掃除する

청소하다
チョンソハダ

④ 料理する

요리하다
ヨリハダ

文型チェック ［まず、うすい字をなぞってみて、次にその右に自分で書いてみましょう。］

① 銀行で働いています。

은행에서 일해요
ウネンエソ イレヨ

② 牛乳が嫌いです。

우유를 싫어해요
ウユルル シロヘヨ

③ 部屋を掃除します。

방을 청소해요
パンウル チョンソヘヨ

④ 家で料理します。

집에서 요리해요
チベソ ヨリヘヨ

85

2 タクシーに乗ります。

택시를 타요.
テクッシルル　タヨ

動詞・形容詞平叙文

109

超 基本文型

動詞・形容詞 ＋ 아요
　　　　　　　　　アヨ

（～です・ます）

ポイントは

아요
アヨ

語幹母音が ト または ⊥ の場合は語尾の 다 を取って 아요 をつなげます。

많다　多い　→　많＋아요
マンタ
→　많아요　多いです
　　マナヨ

※語幹にパッチムがない場合は母音同士が結合します。

타다　乗る　→　타(ト＋아요)
タダ
→　타요　乗ります
　　タヨ

보다　見る　→　보(⊥＋아요)
ボダ
→　봐요　見ます
　　ファヨ

86

超カンタンフレーズ 110

良いです。

아요

좋다 ➡ 좋아요.
チョタ   チョアヨ

受け取ります。

아요

받다 ➡ 받아요.
パッタ   パダヨ

買います。

아요

사다 ➡ 사요.
サダ   サヨ

来ます。

아요

오다 ➡ 와요.
オダ   ワヨ

超カンタンフレーズワイド

韓国語の文をちょっとずつ発展させましょう。

乗ります。
→
타요.
タヨ

タクシーに乗ります。
→
택시를 타요.
テクッシルル　タヨ

ここからタクシーに乗ります。
→
여기서 택시를 타요.
ヨギソ　テクッシルル　タヨ

ここからアックジョンまでタクシーに乗ります。
→
여기서 압구정까지 택시를 타요.
ヨギソ　アプックジョンッカジ　テクッシルル　タヨ

手で覚える韓国語！

単語チェック ［まず、うすい字をなぞってみて、次にその右に自分で書いてみましょう。］

① 知る、わかる

알다
アルダ

② 住む、暮らす

살다
サルダ

③ 会う

만나다
マンナダ

④ 見る

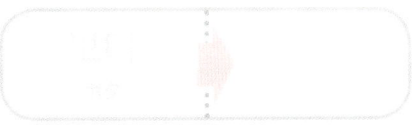

보다
ボダ

文型チェック ［まず、うすい字をなぞってみて、次にその右に自分で書いてみましょう。］

① その人を知っています。

그 사람을 알아요.
ク サラムル アラヨ

② ソウルに住んでいます。

서울에 살아요.
ソウレ サラヨ

③ 友達に会います。

친구를 만나요.
チングルル マンナヨ

④ 韓国ドラマを見ます。

한국 드라마를 봐요.
ハング ドゥラマルル ブァヨ

89

3 サムギョプサルを食べます。

삼겹살을 먹어요.
サムギョプッサルル　モゴヨ

動詞・形容詞平叙文

超 基本文型

動詞・形容詞 + 어요　　（〜です・ます）
　　　　　　　　オヨ

ポイントは

어요
オヨ

語幹母音が해/ㅏ, ㅗ以外は語尾の다を取って어요をつなげます。

멋있다 素敵だ → 멋있어요 素敵です
モシッタ　　　　　モシッソヨ
먹다 食べる → 먹어요 食べます
モクッタ　　　　モゴヨ

※語幹にパッチムがない場合は母音同士が結合します。

배우다 習う → 배(우+어요) → 배워요 習います
ペウダ　　　　　　　　　　　　ペウォヨ

※母音ㅣは어と結合して여の形になります。

마시다 飲む → 마(시+어요) → 마셔요 飲みます
マシダ　　　　　　　　　　　　マショヨ

超カンタンフレーズ 🔊113

어요

着ます。

입다 ➡ 입<u>어요</u>.
イプッタ   イボヨ

어요

おいしいです。

맛있다 ➡ 맛있<u>어요</u>.
マシッタ   マシッソヨ

어요

読みます。

읽다 ➡ 읽<u>어요</u>.
イクッタ   イルゴヨ

어요

待ちます。

기다리다 ➡ 기다<u>려요</u>.
キダリダ   キダリョヨ

91

超カンタンフレーズワイド 🎵114

韓国語の文をちょっとずつ発展させましょう。

食べます。
⬇
먹어요.
モゴヨ

サムギョプサルを食べます。
⬇
삼겹살을 먹어요.
サムギョプッサルル　モゴヨ

イテウォン(梨泰院)でサムギョプサルを食べます。
⬇
이태원에서 삼겹살을 먹어요.
イテウォネソ　サムギョプッサルル　モゴヨ

夕方イテウォンでサムギョプサルを食べます。
⬇
저녁에 이태원에서 삼겹살을 먹어요.
チョニョゲ　イテウォネソ　サムギョプッサルル　モゴヨ

手で覚える韓国語！

単語チェック ［まず、うすい字をなぞってみて、次にその右に自分で書いてみましょう。］

① 面白い

재미있다
チェミイッタ

② 降りる

내리다
ネリダ

③ 開ける

열다
ヨルダ

④ 作る

만들다
マンドゥルダ

文型チェック ［まず、うすい字をなぞってみて、次にその右に自分で書いてみましょう。］

① 映画が面白いです。

영화가 재미있어요
ヨンファガ チェミイッソヨ

② 駅前で降ります。

역 앞에서 내려요
ヨカペソ ネリョヨ

③ 窓を開けます。

창문을 열어요
チャンムヌル ヨロヨ

④ 友達を作ります。

친구를 만들어요
チングルル マンドゥロヨ

93

4 キムチを食べません。

김치를 안 먹어요.
キムチルル　アン　モゴヨ

안否定文

🔊 115

超基本文型

안 ＋ 動詞・形容詞　　　　　　（〜しない）
アン

ポイントは

안
アン

動詞、形容詞の前に안を入れると否定の意味になります。

먹다 食べる → 안 먹어요 食べません
モクッタ　　　　アンモゴヨ
오다 来る → 안 와요 来ません
オダ　　　　アヌァヨ

※名詞＋하다で構成されている動詞は하다の前に안を入れます。

쇼핑하다 ショッピングする →
ショッピンハダ
쇼핑 안 해요 ショッピングしません
ショッピン　アネヨ

超カンタンフレーズ 🎧116

行きません。

안

가다 ➡ **안** 가요.
カダ　　　アンガヨ

買いません。

안

사다 ➡ **안** 사요.
サダ　　　アンサヨ

見ません。

안

보다 ➡ **안** 봐요.
ポダ　　　アンブァヨ

掃除（を）しません。

안

청소하다 ➡ 청소를 **안** 해요.
チョンソハダ　　チョンソルル　アネヨ

95

超カンタンフレーズワイド 🎵117

韓国語の文をちょっとずつ発展させましょう。

食べません。
→
안 먹어요.
アンモゴヨ

キムチを食べません。
→
김치를 안 먹어요.
キムチルル　アンモゴヨ

家でキムチを食べませんか？
→
집에서 김치를 안 먹어요?
チベソ　キムチルル　アンモゴヨ？

私は家でキムチを食べません。
→
저는 집에서 김치를 안 먹어요.
チョヌン　チベソ　キムチルル　アンモゴヨ

手で覚える韓国語！

単語チェック　[まず、うすい字をなぞってみて、次にその右に自分で書いてみましょう。]

① 良い

좋다
チョタ

② 高い

비싸다
ピッサダ

③ 乗る

타다
タダ

④ 来る

오다
オダ

文型チェック　[まず、うすい字をなぞってみて、次にその右に自分で書いてみましょう。]

① 天気が良くないです。

날씨가 안 좋아요.
ナルッシガ　アンチョアヨ

② 市場は高くないです。

시장은 안 비싸요.
シジャンウン　アンビッサヨ

③ 地下鉄に乗りません。

지하철을 안 타요.
チハチョルル　アンタヨ

④ バスがまだ来ませんか？

버스가 아직 안 와요?
ボスガ　アジク　アンワヨ

97

5 今日は行けません。

오늘은 못 가요.
オヌルン　モッカヨ

못否定文

超基本文型

못 ＋ 動詞・形容詞　　　　　（～できない）
モッ

ポイントは

못
モッ

動詞、形容詞の前に못を入れると能力や何らかの理由により「～できない」という表現になります。

가다 行く → 못 가요 行けません
カダ　　　　モッカヨ
먹다 食べる → 못 먹어요 食べられません
モクッタ　　　　モンモゴヨ

※名詞＋하다で構成されている動詞は 하다の前に못を入れます。

요리하다 料理する
ヨリハダ
→ 요리 못 해요 料理できません
　　ヨリ　モテヨ

超カンタンフレーズ 119

못

買えません。

사다
サダ

➡ **못** 사요.
モッサヨ

見られません。

보다
ポダ

➡ **못** 봐요.
モッパヨ

読めません。

읽다
イクッタ

➡ **못** 읽어요.
モンニルゴヨ

運転できません。

운전하다
ウンジョナダ

➡ 운전 **못** 해요.
ウンジョン モテヨ

超カンタンフレーズワイド 🎧120

韓国語の文をちょっとずつ発展させましょう。

行けません。
⬇
못 가요.
モッカヨ

銀行に行けません。
⬇
은행에 못 가요.
ウネンエ　モッカヨ

今日は銀行に行けませんか？
⬇
오늘은 은행에 못 가요?
オヌルン　ウネンエ　モッカヨ？

友達は今日銀行に行けません。
⬇
친구는 오늘 은행에 못 가요.
チングヌン　オヌル　ウネンエ　モッカヨ

手で覚える韓国語！

単語チェック　[まず、うすい字をなぞってみて、次にその右に自分で書いてみましょう。]

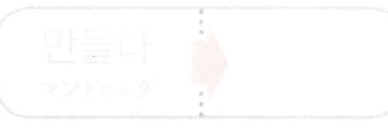

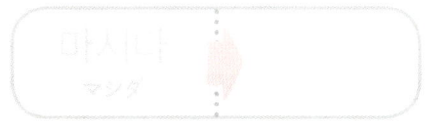

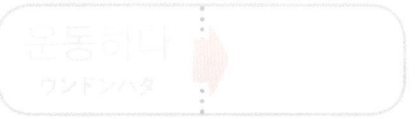

① 起きる
일어나다
イロナダ

② 作る
만들다
マンドゥルダ

③ 飲む
마시다
マシダ

④ 運動する
운동하다
ウンドンハダ

文型チェック　[まず、うすい字をなぞってみて、次にその右に自分で書いてみましょう。]

① 朝早く起きられません。
아침 일찍 못 일어나요.
アチㇺ イルチㇰ モン ニロナヨ

② 韓国の料理を作れません。
한국 음식을 못 만들어요.
ハングㇰ ウㇺシグㇽ モンマンドゥロヨ

③ これ以上飲めません。
더 이상 못 마셔요.
ト イサン モンマショヨ

④ 運動できません。
운동 못 해요.
ウンドン モテヨ

6 市場に行きました。

시장에 갔어요.
シジャンエ　カッソヨ

過去時制

超 基本文型

했어요 / 았어요 / 었어요
ヘッソヨ　アッソヨ　オッソヨ

（〜でした、ました）

ポイントは

했어요 / 았어요 / 었어요
ヘッソヨ　　　　アッソヨ　　　　オッソヨ

過去をあらわす表現は語幹の形によって했어요/았어요/었어요をつなげます。

- 語幹が하 → 했어요

전화하다　電話する　→　전화했어요　電話しました
チョヌァハダ　　　　　　　　　チョヌァヘッソヨ

- 語幹の母音がㅏ/ㅗ → 았어요

앉다　座る　→　앉았어요　座りました
アンタ　　　　　　アンジャッソヨ

※パッチムがない場合は母音同士が結合します。

오다　来る　→　왔어요　来ました
オダ　　　　　　ワッソヨ

- それ以外 → 었어요

입다　着る　→　입었어요　着ました
イプタ　　　　　　イボッソヨ

超カンタンフレーズ 🔊122

했어요

勉強しました。

공부하다 ➡ 공부했어요.
コンブハダ　　コンブヘッソヨ

갔어요

行きました。

가다 ➡ 갔어요.
カダ　　カッソヨ

았어요

多かったです。

많다 ➡ 많았어요.
マンタ　　マナッソヨ

었어요

食べました。

먹다 ➡ 먹었어요.
モクッタ　　モゴッソヨ

超カンタンフレーズワイド 🎧123

韓国語の文をちょっとずつ発展させましょう。

行きました。
⬇
갔어요.
カッソヨ

東大門市場に行きましたか？
⬇
동대문 시장에 갔어요?
トンデムンシジャンエ　カッソヨ

昨日東大門市場に行きました。
⬇
어제 동대문 시장에 갔어요.
オジェ　トンデムンシジャンエ　カッソヨ

昨日友達と東大門市場に行きました。
⬇
어제 친구하고 동대문 시장에 갔어요.
オジェ　チングハゴ　トンデムンシジャンエ　カッソヨ

手で覚える韓国語！

単語チェック　[まず、うすい字をなぞってみて、次にその右に自分で書いてみましょう。]

① 見る

보다
ポダ

② 乗る

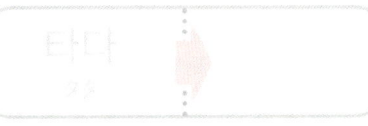

타다
タダ

③ 買う

사다
サダ

④ 良い

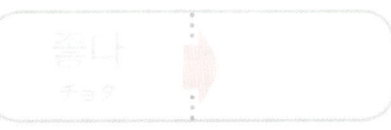

좋다
チョタ

文型チェック　[まず、うすい字をなぞってみて、次にその右に自分で書いてみましょう。]

① 劇場で映画を見ました。

극장에서 영화를 봤어요.
クッチャンエソ　ヨンファルル　ファッソヨ

② 駅前でタクシーに乗りました。

역 앞에서 택시를 탔어요.
ヨカペソ　テクッシルル　タッソヨ

③ 免税店で化粧品を買いました。

면세점에서 화장품을 샀어요.
ミョンセジョメソ　ファジャンプムル　サッソヨ

④ 昨日は天気が良かったです。

어제는 날씨가 좋았어요.
オジェヌン　ナルッシガ　チョアッソヨ

105

7 キョンボックン(景福宮)に行きたいです。

경복궁에 가고 싶어요.
キョンボックンエ　カゴシポヨ

願望表現

🔊 124

超 基本文型

動詞の語幹 ＋ **-고 싶어요**　　（〜したいです）
　　　　　　　　コシポヨ

ポイントは -고 싶어요
コシポヨ

「〜したい」という願望をあらわすときは動詞の語幹に関係なく、고 싶어요をつなげます。

만나다　会う
マンナダ
→ 만나고 싶어요　会いたいです
　マンナゴシポヨ

※「〜したくない」という表現はパッチムの有無に関係なく고 싶지 않아요をつなげます。
　　　　　　　　　　　　　コシフッチ　アナヨ

会いたくありません　만나고 싶지 않아요
　　　　　　　　　マンナゴシプッチアナヨ

106

超カンタンフレーズ 🎵125

-고 싶어요

行きたいです。

가다
カダ

→ 가고 싶어요.
カゴシポヨ

-고 싶어요

買いたいです。

사다
サダ

→ 사고 싶어요.
サゴシポヨ

-고 싶어요

食べたいです。

먹다
モクッタ

→ 먹고 싶어요.
モクッコシポヨ

-고 싶어요

ショッピングをしたいです。

쇼핑하다
ショピンハダ

→ 쇼핑하고 싶어요.
ショピンハゴシポヨ

超カンタンフレーズワイド 🎵126

韓国語の文をちょっとずつ発展させましょう。

行きたいです。
⬇
가고 싶어요.
カゴシポヨ

キョンボックンに行きたいです。
⬇
경복궁에 가고 싶어요.
キョンボックンエ　カゴシポヨ

明日はキョンボックンに行きたいです。
⬇
내일은 경복궁에 가고 싶어요.
ネイルン　キョンボックンエ　カゴシポヨ

明日はキョンボックンに行きたくありません。
⬇
내일은 경복궁에 가고 싶지 않아요.
ネイルン　キョンボックンエ　カゴシプチ　アナヨ

手で覚える韓国語！

単語チェック
［まず、うすい字をなぞってみて、次にその右に自分で書いてみましょう。］

① あげる

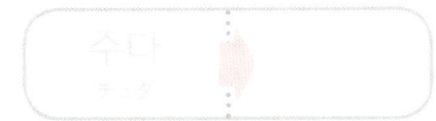

주다
チュダ

② 送る

보내다
ポネダ

③ 習う

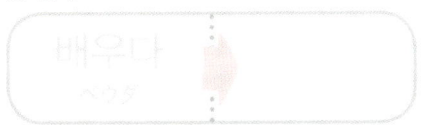

배우다
ペウダ

④ 休む

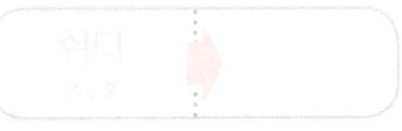

쉬다
スィダ

文型チェック
［まず、うすい字をなぞってみて、次にその右に自分で書いてみましょう。］

① プレゼントをあげたいです。

선물을 주고 싶어요.
ソンムルル　チュゴシポヨ

② 日本に送りたいです。

일본에 보내고 싶어요.
イルボネ　ポネゴシポヨ

③ 韓国語を習いたいです。

한국말을 배우고 싶어요.
ハングンマルル　ペウゴシポヨ

④ まだ休みたくないです。

아직 쉬고 싶지 않아요.
アジク　スィゴシプチアナヨ

109

8 イテウォン(梨泰院)に行くつもりです。

이태원에 갈 거예요.
イテウォンエ　カルコエヨ

未来時制

超基本文型

動詞の語幹 + **-ㄹ 거예요 / -을 거예요**　（～するつもりです）
　　　　　　　　ルコエヨ　　　　ウルコエヨ　　　（～予定です）

ポイントは

-ㄹ 거예요 / -을 거예요
　ルコエヨ　　　　　ウルコエヨ

未来の表現は動詞の語幹にパッチムの有無に従って ㄹ 거예요 または 을 거예요 をつなげます。

가다 行く → 갈 거예요 行くつもりです
カダ　　　　カルコエヨ
받다 受け取る → 받을 거예요 受け取るつもりです
パッタ　　　　　　　パドゥルコエヨ

※「～しないつもりです」は語幹のパッチムに関係なく、지 않을 거예요 をつなげます。
　　　　　　　　　　　　　　　　　　　　ジ　アヌルコエヨ

가지 않을 거예요 行かないつもりです
カジ　アヌルコエヨ

超カンタンフレーズ

-ㄹ 거예요

来るつもりです。

오다
オダ
→ 올 거예요.
オルコエヨ

-ㄹ 거예요

見るつもりです。

보다
ポダ
→ 볼 거예요.
ポルコエヨ

-ㄹ 거예요

飲むつもりです。

마시다
マシダ
→ 마실 거예요.
マシルコエヨ

-을 거예요

食べるつもりです。

먹다
モクッタ
→ 먹을 거예요.
モグルコエヨ

超カンタンフレーズワイド 🎵129

韓国語の文をちょっとずつ発展させましょう。

行くつもりです。
⬇
갈 거예요.
カルコエヨ

イテウォンに行くつもりです。
⬇
이태원에 갈 거예요.
イテウォネ　　カルコエヨ

明日イテウォンに行くつもりです。
⬇
내일 이태원에 갈 거예요.
ネイル　イテウォネ　　カルコエヨ

明日イテウォンに行かないつもりですか？
⬇
내일 이태원에 가지 않을 거예요?
ネイル　イテウォネ　カジ　アヌルコエヨ

手で覚える韓国語！

単語チェック ［まず、うすい字をなぞってみて、次にその右に自分で書いてみましょう。］

① 到着する

도착하다
トチャカダ

② 来る

오다
オダ

③ 予約する

예약하다
イェヤカダ

④ 出発する

출발하다
チュルバラダ

文型チェック ［まず、うすい字をなぞってみて、次にその右に自分で書いてみましょう。］

① 10時に到着する予定です。

10시에 도착할 거예요.
ヨルシエ トチャカル コエヨ

② 明日友達が来る予定です。

내일 친구가 올 거예요.
ネイル チングガ オル コエヨ

③ チケットを予約するつもりです。

표를 예약할 거예요.
ピョルル イェヤカル コエヨ

④ 9時に出発するつもりです。

9시에 출발할 거예요.
アホプシエ チュルバラル コエヨ

113

9 歩いて行けます。

걸어 갈 수 있어요.
コロ　ガルス　イッソヨ

可能表現

超 基本文型

動詞の語幹 ＋ **-ㄹ 수 있어요 / -을 수 있어요** （〜できます）
　　　　　　　ルス　イッソヨ　　ウルス　イッソヨ

ポイントは

-ㄹ 수 있어요 / -을 수 있어요
　ルス　　　イッソヨ　　　　ウルス　　　イッソヨ

可能の表現は動詞の語幹にパッチムの有無に従って ㄹ 수 있어요 または 을 수 있어요 をつなげます。

가다 行く → 갈 수 있어요 行けます
カダ　　　　カルスイッソヨ

먹다 食べる → 먹을 수 있어요 食べられます
モクッタ　　　　モグルスイッソヨ

※「〜することができない」という表現は 있어요
　　　　　　　　　　　　　　　　　　　　イッソヨ
の代わりに 없어요 をつなげます。
　　　　　　オプッソヨ

갈 수 없어요 行けません
カルスオプッソヨ

p.98 の 못否定文とほぼ同じ意味になります
※ 서は省略可能

超カンタンフレーズ 🎧131

行けます。

-ㄹ 수 있어요

가다
カダ

→ 갈 수 있어요.
カルスイッソヨ

使えません。

-ㄹ 수 없어요

쓰다
ッスダ

→ 쓸 수 없어요.
ッスル　オプッソヨ

見物できます。

-ㄹ 수 있어요

구경하다
クギョンハダ

→ 구경할 수 있어요.
クギョンハルス　イッソヨ

泊まれます。

-을 수 있어요

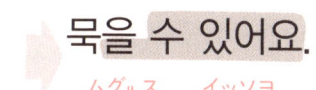

묵다
ムッタ

→ 묵을 수 있어요.
ムグルス　イッソヨ

超 カンタンフレーズワイド 🎵132

韓国語の文をちょっとずつ発展させましょう。

行けます。
⬇
갈 수 있어요.
カルス　イッソヨ

歩いて行けますか？
⬇
걸어 갈 수 있어요?
コロガルス　イッソヨ

ここから歩いて行けます。
⬇
여기서 걸어 갈 수 있어요.
ヨギソ　コロガルス　イッソヨ

ここから博物館まで歩いて行けません。
⬇
여기서 박물관까지 걸어 갈 수 없어요.
ヨギソ　パンムルグァンッカジ　コロガルス　オプッソヨ

手で覚える韓国語！

単語チェック
[まず、うすい字をなぞってみて、次にその右に自分で書いてみましょう。]

① 換える

바꾸다
パックダ

② 入る

들어가다
トゥロガダ

③ 着てみる

입어 보다
イボボダ

④ （タバコを）吸う

피우다
ピウダ

文型チェック
[まず、うすい字をなぞってみて、次にその右に自分で書いてみましょう。]

① これは交換できません。

이것은 바꿀 수 없어요.
イゴスン パックル スオプソヨ

② 中に入ることができますか？

안으로 들어갈 수 있어요?
アヌロ トゥロガル スイッソヨ

③ 韓服を着てみることができますか？

한복을 입어 볼 수 있어요?
ハンボグル イボボル スイッソヨ

④ ここでタバコを吸うことができません。

여기서 담배를 피울 수 없어요.
ヨギソ タムベルル ピウル スオプソヨ

10 写真を撮ってもいいですか？

사진을 찍어도 돼요?
サジヌル　ッチゴド　トゥエヨ

許可表現

超 基本文型

動詞 ＋ -해도 돼요?／-아도 돼요?／-어도 돼요?
　　　　ヘド トゥェヨ　　アド トゥエヨ　　オド トゥエヨ

（〜てもかまいませんか？）

ポイントは

-해도 돼요?／-아도 돼요?／-어도 돼요?
ヘド　トゥェヨ　　アド　トゥエヨ　　オド　トゥエヨ

許可を求める表現は語幹が하は해도 돼요?、語幹の母音がㅏ/ㅗでは아도 돼요?、それ以外では어도 돼요? にそれぞれつなげます。

하다 する → 해도 돼요? してもいいですか？
ハダ　　　　　ヘド トゥェヨ

타다 乗る → 타도 돼요? 乗ってもいいですか？
タダ　　　　　タド トゥエヨ

들어가다 入る
トゥロガダ
→ 들어가도 돼요? 入ってもいいですか？
　トゥロガド トゥエヨ

※肯定文では許可をする表現になります。

들어가도 돼요. 入ってもいいです。

超カンタンフレーズ 134

-해도 돼요?

申し込んでもいいですか？

신청하다 ➡ 신청해도 돼요?
シンチョンハダ　　シンチョンヘド　トゥエヨ

-아도 돼요?

見てもいいですか？

보다 ➡ 봐도 돼요?
ポダ　　ブァド　トゥエヨ

-어도 돼요?

撮ってもいいですか？

찍다 ➡ 찍어도 돼요?
ッチクッタ　　ッチゴド　トゥエヨ

-어도 돼요?

食べてもいいですか？

먹다 ➡ 먹어도 돼요?
モクッタ　　モゴド　トゥエヨ

超カンタンフレーズワイド 🎵135

韓国語の文をちょっとずつ発展させましょう。

撮ってもいいですか？
⬇
찍어도 돼요?
ッチゴド　トゥエヨ

写真を撮ってもいいですか？
⬇
사진을 찍어도 돼요?
サジヌル　ッチゴド　トゥエヨ

ここで写真を撮ってもいいですか？
⬇
여기서 사진을 찍어도 돼요?
ヨギソ　サジヌル　ッチゴド　トゥエヨ

ここで写真を撮ってもいいです。
⬇
여기서 사진을 찍어도 돼요.
ヨギソ　サジヌル　ッチゴド　トゥエヨ

手で覚える韓国語！

単語チェック ［まず、うすい字をなぞってみて、次にその右に自分で書いてみましょう。］

① 触れる

만지다
マンジダ

② お尋ねする、伺う

여쭤 보다
ヨッチュ ボダ

③ 出る

나가다
ナガダ

④ 見物する

구경하다
クギョンハダ

文型チェック ［まず、うすい字をなぞってみて、次にその右に自分で書いてみましょう。］

① これを触ってもいいですか？

이것을 만져도 돼요?
イゴスル マンジョド トゥエヨ

② ちょっとお尋ねしても構いませんか？

좀 여쭤 봐도 돼요?
チョム ヨッチュオバド トゥエヨ

③ もう出てもいいですか？

이제 나가도 돼요?
イジェ ナガド トゥエヨ

④ 室内を見物してもいいですか？

실내를 구경해도 돼요?
シルレルル クギョンヘド トゥエヨ

121

単語のオカワリ

[身体の部位]

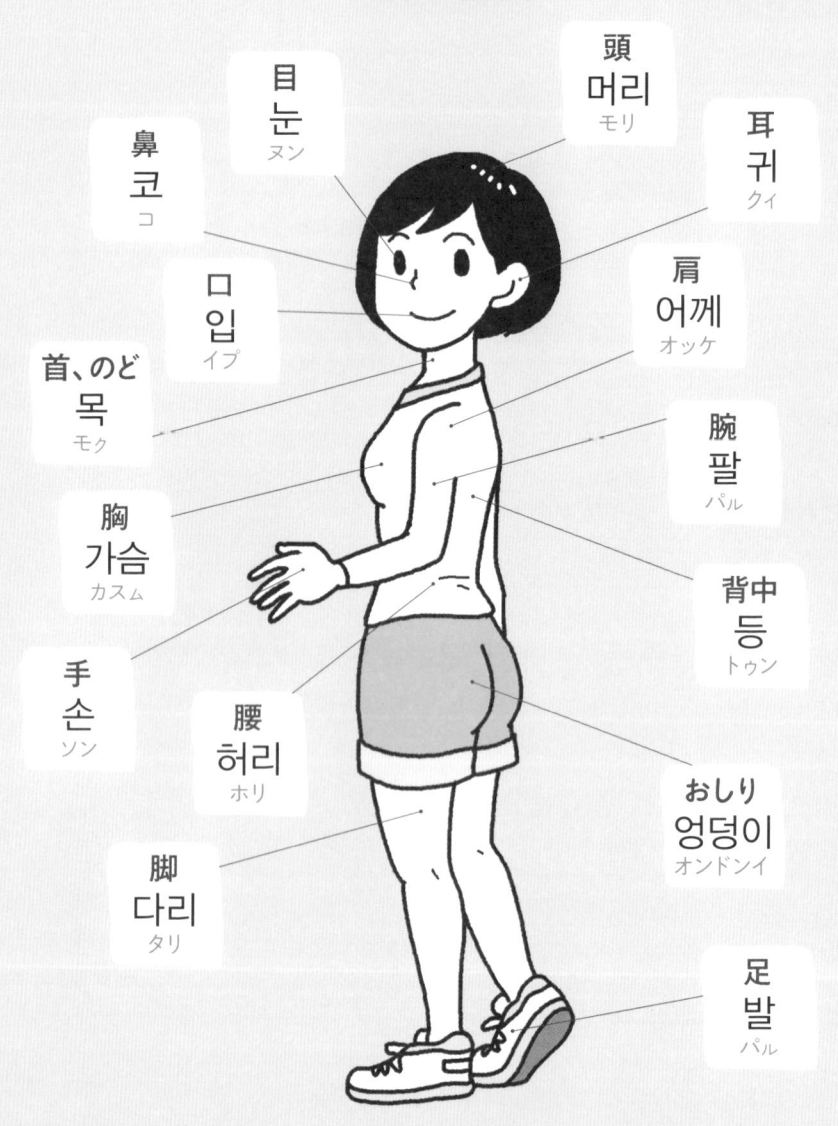

- 頭 머리 モリ
- 耳 귀 クィ
- 目 눈 ヌン
- 鼻 코 コ
- 口 입 イプ
- 肩 어깨 オッケ
- 首、のど 목 モク
- 腕 팔 パル
- 胸 가슴 カスム
- 背中 등 トゥン
- 手 손 ソン
- 腰 허리 ホリ
- おしり 엉덩이 オンドンイ
- 脚 다리 タリ
- 足 발 パル

超基本会話

旅行などでよく使われるカンタンな会話集です。まるごと覚えて使ってみましょう！

1 自己紹介 🔊136

🙂 안녕하세요.
안미현　アンニョンハセヨ

안미현이라고 합니다.
　　　アンミヒョニラゴハムニダ

🙂 처음 뵙겠습니다. 다나카 유미입니다.
다나카　チョウムブェップケッスムニダ　　　　タナカユミイムニダ

🙂 만나서 반갑습니다.
안미현　マンナソバンガプッスムニダ

（訳）
安美賢：こんにちは。
　　　　アンミヒョンと申します。
田中　：はじめまして。田中ゆみです。
安美賢：お会いできてうれしいです。

124

2 両替する

🎧 137

다나카: 한국 돈으로 바꾸고 싶은데요.
ハングクトヌロ　　　パックゴシプンデヨ

은행원: 얼마나 바꾸실 건가요?
オルマナ　　パックシルコンガヨ

다나카: 3(삼)만엔이에요.
サムマネニエヨ

은행원: 여권을 보여 주시겠어요?
ヨックォヌル　　ポヨジュシゲッソヨ

다나카: 네, 여기 있습니다.
ネ　ヨギ　イッスムニダ

（訳）
田中　：韓国のお金に換えたいのですが。
銀行員：おいくら両替なさいますか？
田中　：3万円です。
銀行員：パスポートを見せて頂けますか？
田中　：はい、どうぞ。

은행원（ウネンウォン）銀行員　　얼마나（オルマナ）どのくらい　　여기（ヨギ）ここ

125

3 ホテルで 🔊138

(チェックイン)

프런트: 어서 오십시오.
オソオシプッシオ

다나카: 예약한 다나카 유미입니다.
イェヤカン　タナカユミイムニダ

프런트: 안녕하세요.
アンニョンハセヨ

숙박 카드를 써 주시겠어요?
スクッパクカドゥルル　ッソジュシゲッソヨ

다나카: 네.
ネ

프런트: 룸키입니다. 체크아웃은 12(열두)시입니다.
ルムキイムニダ　チェクアウスン　ヨルトゥシイムニダ

다나카: 네, 고맙습니다.
ネ　コマプッスムニダ

(訳)
フロント：いらっしゃいませ。
田中　　：予約した田中ゆみです。
フロント：こんにちは。
　　　　　宿泊カードにご記入いただけますか?
田中　　：はい
フロント：ルームキーでございます。チェックアウトは12時です。
田中　　：はい、ありがとうございます。

프런트（プロントゥ）フロント　　숙박 카드（スクッパクカドゥ）宿泊カード　　룸키（ルムキ）ルームキー
체크아웃（チェクアウッ）チェックアウト

(チェックアウト)
다나카: 체크아웃을 하고 싶은데요.
　　　チェクアウスル　　　ハゴシプンデヨ

프런트: 알겠습니다.
　　　アルゲッスムニダ

다나카: 공항에 갈 때까지 짐을 맡겨도 돼요?
　　　コンハンエ　カルッテッカジ　チムル　マッキョドゥエヨ

프런트: 그럼요. 이쪽으로 오십시오.
　　　クロムミョ　　イッチョグロオシプッシオ

(訳)
田中　　：チェックアウトをしたいのですが。
フロント：かしこまりました。
田中　　：空港に行くまで荷物を預かってもらえますか？
フロント：もちろんです。こちらへどうぞ。

짐（チム）荷物　　이쪽으로（イッチョグロ）こちらに

4 注文する 🎧140

점원: 몇 분이세요?
ミョップンニセヨ

다나카: 5(다섯)명이에요.
タソンミョンイエヨ

점원: 뭘 드릴까요?
ムォルトゥリルッカヨ

다나카: 삼겹살 3(삼)인분 주세요.
サムギョプサル　サミンブンジュセヨ

그리고 생맥주 4(네)잔하고
クリゴ　センメクッチュ　ネジャナゴ

주스 1(한)병 주세요.
チュス　ハンビョンジュセヨ

점원: 네, 잠깐만 기다리세요.
ネ　チャムッカンマンキダリセヨ

(訳)
店員：何名様ですか？
田中：5人です。
店員：何になさいますか？
田中：サムギョプサル3人分下さい。
　　　それから生ビール4杯とジュース1本下さい。
店員：はい、少々お待ちください。

몇~（ミョッ）何~　　분（プン）~名様（名の尊敬語）　　~명（ミョン）~人、名
생맥주（センメクッチュ）生ビール　　~인분（インブン）~人分　　점원（チョムォン）店員

128

141

お持ち帰りですか？
가져가실 거예요?
カジョガシルコエヨ

ここでお召し上がりですか？
드시고 가실 거예요?
トゥシゴ　　　カシルコエヨ

いいえ、食べていきます。
아뇨, 먹고 갈 거예요.
アニョ　モッコ　カルコエヨ

いいえ、持って帰ります。
아뇨, 가져갈 거예요.
アーョ　　　カジョガルコエヨ

129

5 買い物 🎧142

다나카: 이거 다 해서 얼마예요?
イゴ タヘソ オルマエヨ

점원: 36,000(삼만 육천)원입니다.
サムマン ユクチョノニムニダ

다나카: 신용 카드 돼요?
シニョンカドゥ トゥエヨ

점원: 그럼요. 일시불로 해 드릴까요?
クロムミョ イルシブルロ ヘドゥリルカヨ

다나카: 네, 그렇게 해 주세요.
ネ クロッケ ヘジュセヨ

점원: 손님, 여기에 사인해 주세요.
ソンニム ヨギエ サイネジュセヨ

다나카: 네.
ネ

(訳)
田中：これ全部でおいくらですか？
店員：36000 ウォンです。
田中：クレジットカードは使えますか？
店員：もちろんです。一回払いでよろしいですか？
田中：はい、そうしてください。
店員：お客様、こちらにサインをして下さい。
田中：はい

신용 카드（シニョンカドゥ）クレジットカード　　일시불（イルシブル）一回払い　　사인（サイン）サイン
봉투（ポントゥ）袋

130

袋にお入れしますか？
（袋が必要ですか？）
봉투에 넣어 드려요?
ポントゥエ　　　ノオドゥリョヨ
（봉투 필요하세요?）
（ポントゥ ピリョハセヨ）

はい。
네.
ネ

いいえ、大丈夫です。
아뇨, 괜찮아요.
アニョ　クェンチャナヨ

韓国についてのアルファ❷　韓国料理

　韓国料理の魅力はその美味しさに加えてショウガやニンニク、ゴマなどの滋養に富んだ食材が多く使われ栄養のバランスも良いことと言えるでしょう。辛くない韓国料理もありますので参考にしてください。

チゲ（찌개）類
肉や魚、野菜、豆腐などを具にした鍋料理で韓国みそ仕立てのテンジャンチゲ（된장찌개：テンジャンッチゲ）、キムチチゲ（김치찌개：キムチッチゲ）、おぼろ豆腐が入ったスンドゥブチゲ（순두부찌개：スンドゥブッチゲ）など様々な種類がある

タン（탕）類
タンとはスープを意味し、もち米と高麗人参やニンニクなどを若鶏に詰めて煮込んだ参鶏湯（삼계탕：サムゲタン）や牛のあばら肉を煮込んだカルビタン（갈비탕：カルビタン）、牛の骨と肉をじっくり煮込んで作ったソルロルタン（설렁탕：ソルロンタン）などがある

冷麺（냉면：ネンミョン）
肉からだしを取ったスープと一緒に食べる水冷麺（물냉면：ムルレンミョン）と、コチュジャンで味付けした辛いビビン冷麺（비빔냉면：ピビムネンミョン）がある

チャジャンミョン（자장면：チャジャンミョン）
韓国風ジャージャー麺

サムギョプサル（삼겹살：サムギョプッサル）
豚のばら肉を焼いてニンニクや韓国味噌などと一緒に野菜で包んで食べる料理

プルコギ（불고기：プルゴギ）
甘辛く味付けした肉と野菜を炒め煮した料理

チジミ（지짐이：チジミ）
韓国風のお好み焼きで韓国では一般的にジョンと呼ばれている（「チジミ」は方言）

キンパ（김밥：キムパブ）
韓国風海苔巻き

ビビンバ（비빔밥：ビビムバブ）
ご飯の上に野菜や卵、ひき肉をのせた韓国風の丼物で、よく混ぜてから食べる

トッポッキ（떡볶이：トクッポッキ）
韓国の長細い餅をコチュジャンソースで炒め、甘辛く味付けしたもので軽食や、おやつとして人気がある

ホットク（호떡：ホットク）
韓国風おやき。中は黒砂糖などの甘いあんが入っており、떡볶이とともにおやつとして人気がある

単語帳

※（固）は固有数字（ひとつ、ふたつ）、（漢）は漢数字（いち、に）を表します。

가

가 주세요. 行ってください。	54
가/이 아니에요 ～ではありません（名詞否定文）	64
가/이 ～が	57 72
가고 싶어요. 行きたいです。	107 108
가고 싶지 않아요. 行きたくありません。	108
가다 行く	95 98 103 107 110 114 115
가요. 行きます。	17
가운데 真ん中	49
가이드 ガイド	17
가져가실 거예요? お持ち帰りですか?	129
가져갈 거예요. 持って帰ります。	129
가지 않을 거예요. 行かないつもりです。	110
가지 않을 거예요? 行かないつもりですか?	112
각 各	29
갈 거예요. 行くつもりです。	110
갈 수 없어요. 行けません。	114
갈 수 있어요. 行けます。	114 115
감기 風邪	33
감사합니다. 感謝しています（ありがとうございます）.	3 52
값 値段	32
갔어요. 行きました。	103 104
같이 一緒に	34
개 ・ 個	40
걸어 갈 수 있어요. 歩いて行けます。	114
결혼 結婚	34
결혼식 結婚式	75
경복궁 キョンボックン（景福宮）	108
경복궁에 가고 싶어요. キョンボックン（景福宮）に行きたいです。（願望表現）	106
계산대 レジ、会計カウンター	75
계산해 주세요. お会計してください。	54
고 싶어요 ～したいです（願望表現）	106
고기 肉	17 33
고맙습니다. ありがとうございます。	52 126
고추 唐辛子	21
공부하다 勉強する	83 103
공부해요. 勉強します。	83
공부했어요. 勉強しました。	103
공항 空港	48 127
과자 お菓子	64
과학 科学	11
괜찮아요. 大丈夫です。	53 131
교과서 教科書	29
구 9（漢）	38
구 월 9月	43
구 일 9日	44
구경하다 見物する	115 121
구경할 수 있어요. 見物できます。	115
구경해도 돼요? 見物してもいいですか?	121
국내 国内	36
국립 国立	36
굳이 あえて	34
그 사람 その人	89
그건 それは（그것은の縮約形）	69
그것 （指示代名詞）それ	67 68 69
그녀 彼女	17
그럼요. もちろんです。	127 130
그렇게 해 주세요. そうしてください。	130
극장 劇場	105
근처 近く	49
금요일 金曜日	46
기다려 주세요. 待ってください。	54
기다려요. 待ちます。	91
기다리다 待つ	91
기뻐요. 嬉しいです。	25
김 金（苗字）	58
김치 キムチ	31 96

133

김치를 안 먹어요. キムチを食べません。				
（안否定文）				94

까

까지 ～まで			24	57
깨끗하다 きれい（清潔）だ				83
깨끗해요. きれい（清潔）です。				83
꽃 花				30
끝나다 終わる				36

나

나 私、僕、俺				51
나가다 出る				121
나가도 돼요? 出てもいいですか?				121
나라 国				18
나빠요. 悪いです。				56
나의 私（僕、俺）の				29
나이 歳				17
난방 暖房				50
날씨 天気			97	105
남동생 弟				51
낮 昼				42
내년 来年				42
내려요. 降ります。				93
내리다 降りる				93
내일 明日	42	108	112	113
냉장고 冷蔵庫				50
네. はい。	52	77	125	126
		128	130	131
넷(네) よっつ（固）				40
년 年				39
누나 お姉さん（弟がお姉さんを呼ぶとき）				51
뉴스 ニュース				19
느끼해요. 脂っこいです。				55
는/은 ～は				57

다

다 全部		17
다 해서 全部合わせて		130

다섯 いつつ（固）		40
다시 한 번 말해 주세요. もう一度言って		
ください。		54
다음 달 来月		42
다음 주 来週		42
닫히다 閉まる		34
달아요. 甘いです。		55
닮다 似ている		31
담배 タバコ		117
더 もっと		17
더 이상 これ以上		101
더워요. 暑いです。		56
도로 道路		18
도착하다 到着する		113
도착할 거예요. 到着する予定です。		113
도쿄 東京		47
돈 お金		30
동대문 トンデムン（東大門）		47
동대문 시장 トンデムン（東大門）市場		104
동생 弟（妹）	61	63
두부 豆腐		19
둘(두) ふたつ（固）		40
뒤 後ろ	29	49
드시고 가실 거예요? ここでお召し上がり		
예요?		129
들어가다 入る		117
들어가도 돼요. 入ってもいいです。		118
들어가도 돼요? 入ってもいいですか?		118
들어갈 수 있어요? 入ることができますか?		117

따

따뜻해요. 暖かいです。		56
또 また、再び		24
또 만나요. また会いましょう。		53
또 올게요. また来ます。		53
뜨거워요. 熱いです。		55
ㄹ/을 거예요 ～するつもりです、予定です		
（未来時制）		110
ㄹ/을 수 있어요 ～できます（可能の表現）		114

134

라

라고 합니다.	～と申します	58
라디오	ラジオ	18
룸키	ルームキー	126
를/을	～を	57
를/을 만나요.	～に会います	57
를/을 좋아해요.	～が好きです	57
를/을 타요.	～に乗ります	57

마

마시다 飲む		90	101	111
마실 거예요. 飲むつもりです。				111
마셔요. 飲みます。				90
마흔 40（固）				41
막걸리 マッコリ				71
만 万				38
만나고 싶어요. 会いたいです。				106
만나고 싶지 않아요. 会いたくありません。				106
만나다 会う			89	106
만나서 반갑습니다. お会いできてうれしいです。			53	124
만나요. 会います。				89
만들다 作る			93	101
만들어요. 作ります。				93
만져도 돼요? 触ってもいいですか?				121
만지다 触れる				121
많다 多い		30	86	103
많아요. 多いです。			35	86
많았어요. 多かったです。				103
맛있다 おいしい				91
맛있어요. おいしかったです。				91
매년 毎年				46
매달 毎月				46
매워요. 辛いです。			28	55
매일 毎日				46
매주 毎週				46
매콤해요. 辛いです。(辛くて美味しい時)				55
머리 頭				18

먹고 갈 거예요. 食べていきます。			129
먹고 싶어요. 食べたいです。			107
먹다 食べる	90	94	98	103
	107	111	114	119
먹어요. 食べます。			90	92
먹어도 돼요? 食べてもいいですか?				119
먹었어요. 食べました。				103
먹을 거예요. 食べるつもりです。				111
먹을 수 있어요. 食べられます。				114
멋있다 素敵だ				90
멋있어요. 素敵です。				90
며칠 何日				43
면세점 免税店			48	105
명 ～人、名			40	128
명동 ミョンドン（明洞）		47	82	84
명동에서 쇼핑해요. ミョンドン（明洞）で ショッピングします(動詞・形容詞平叙文)				82
몇 분이세요? 何名様ですか?				128
몇 월 何月				43
몇 何～				128
몇리 何里				36
모기 蚊				18
목요일 木曜日				46
못 가요. 行けません。			98	100
못 마셔요. 飲めません。				101
못 만들어요. 作れません。				101
못 먹어요. 食べられません。				98
못 봐요. 見られません。				99
못 사요. 買えません。				99
못 일어나요. 起きられません。				101
못 읽어요. 読めません。				99
못+動詞・形容詞 できない (못否定文)				98
무리 無理				18
묵다 泊まる				115
묵을 수 있어요. 泊まることができます。				115
문화 文化				34
물 水			31	67
뭐 なに (疑問詞)				72
뭐예요? 何ですか?				73

135

뭘 드릴까요? 何になさいますか？				128
미국 アメリカ			47	63
미국 사람 アメリカ（の）人				63
미안합니다. ごめんなさい。				52

바 _____

바꾸고 싶은데요. 換えたいのですが。				125
바꾸다 換える				117
바꿀 수 없어요. 換える事ができません。				117
박 朴（苗字）				58
박물관 博物館			36	116
밖 外				49
반 半				41
받다 受け取る		30	87	110
받아요. 受け取ります。				87
받을 거예요. 受け取るつもりです。				110
발음 発音				33
밟다 踏む				31
밤 夜				42
밥 ご飯			29	32
방 部屋			32	85
배우고 싶어요. 習いたいです。				109
배우다 習う			90	109
배워요. 習います。				90
백 100				38
백화점 デパート				48
버스 バス				97
베개 枕				50
병（ボトル状の物を数える）〜本			40	128
병원 病院				48
보내고 싶어요. 送りたいです。				109
보내다 送る				109
보다 見る		86 89	95	99
		105	111	119
보여 주세요. 見せてください。				54
볼 거예요. 見るつもりです。				111
봉투 袋				130
봉투 필요하세요? 袋が必要ですか？				131
봉투에 넣어 드려요? 袋にお入れしますか？				131

봐도 돼요? 見てもいいですか？				119
봐요. 見ます。		27	86	89
봤어요. 見ました。				105
부부 夫婦				19
부산 プサン（釜山）				47
부엌 台所				30
부탁해요. お願いします。				35
부터（時間）から〜				57
분 〜名様				128
분 〜分				41
비누 石鹸				19
비싸다 高い				97
비싸요. 高いです。			25	56

빠 _____

뼈 骨	25

사 _____

사 4（漢）				38
사 월 4月				43
사 일 4日				44
사고 싶어요. 買いたいです。				107
사과 リンゴ			27	40
사다 買う	87	95 99	105	107
사십 40（漢）				38
사요. 買います。			19	87
사이 間				49
사인 サイン				130
사인해 주세요. サインしてください。				130
사전 写真			69	120
사진을 찍어도 돼요? 写真を撮ってもいいですか？（許可表現）				118
사투리 なまり				22
사회 社会				11
살다 住む、暮らす				89
살아요. 住んでいます。				89
삼 3（漢）				38
삼 월 3月				43
삼 일 3日				44

삼겹살 サムギョプサル	92
삼겹살을 먹어요. サムギョプサルを食べます。	
（動詞・形容詞平叙文）	90
삼십 30 （漢）	38
삼십 일 30 日	45
삼십일 일 31 日	45
샀어요. 買いました。	105
생맥주 生ビール	128
생일 誕生日	45 73
서른 30 （固）	41
서울 ソウル	31 47 89
선물 プレゼント、おみやげ	109
선생님 先生	75
설날 お正月	36
성함이 어떻게 되세요? お名前は何とおっ	
しゃいますか?	58
셋(세) みっつ （固）	40
셔요. 酸っぱいです。	55
소 牛	19
손님 お客様	130
쇼핑 안 해요. ショッピングしません。	94
쇼핑하고 싶어요. ショッピングしたいです。	107
쇼핑하다 ショッピングする	83 94 107
쇼핑해요. ショッピングします。	83 84
수요일 水曜日	46
숙박 카드 宿泊カード	126
술 お酒	67
쉬고 싶지 않아요. 休みたくありません。	109
쉬다 休む	109
쉰 50 （固）	41
스물(스무) 20 （固）	41
스웨터 セーター	28
스포츠 スポーツ	22
시 〜時	41 126
시 월 10 月	43
시간 時間	77 78
시간이 있어요. 時間があります。（存在詞）	76
시계 時計	27
시장 市場	32 97

시장에 갔어요. 市場に行きました。	
（過去時制）	102
식당 食堂	48
식사하다 食事する	83
식사해요. 食事します。	83
신라 新羅	36
신분증 身分証明書	71
신용 카드 クレジットカード	79 130
신청하다 申し込む	119
신청해도 돼요? 申し込んでもいいですか?	119
실내 室内	121
싫다 嫌だ	35
싫어하다 嫌いだ	85
싫어해요. 嫌いです	85
십 10 （漢）	38
십 일 10 日	44
십구 일 19 日	44
십사 14 （漢）	38
십사 일 14 日	44
십삼 13 （漢）	38
십삼 일 13 日	44
십오 15 （漢）	38
십오 일 15 日	44
십육 일 16 日	44
십이 12 （漢）	38
십이 월 12 月	43
십이 일 12 日	44
십일 11 （漢）	38
십일 월 11 月	43
십일 일 11 日	44
십칠 일 17 日	44
십팔 일 18 日	44
싱거워요. 薄いです。	55

싸

싸요. 安いです。	25 56
쌀쌀해요. 肌寒いです。	56
써 주세요. 書いてください。	54
써요. 苦いです。	55

쓰다 使う	115
쓸 수 없어요. 使えません。	115
씨 ～さん	45　63　70　77

아

아기 赤ちゃん	17
아까 さっき	24
아뇨. いいえ。	17　52　129
아래 下	49
아름다워요. 美しいです。	56
아마 多分	20
아버지 お父さん	51
아요 です・ます（動詞・形容詞平叙文）	86
아이 子供	40
아직 まだ	97　109
아침 朝	42　101
아홉 ここのつ（固）	40
아흔 90（固）	41
안 가요. 行きません。	95
안 먹어요. 食べません。	94　96
안 봐요. 見ません。	95
안 비싸요. 高くないです。	97
안 사요. 買いません。	95
안 와요. 来ません。	94
안 좋아요. 良くないです。	97
안 中、内側	49
안 타요. 乗りません。	97
안+動詞・形容詞 ～しない（안否定文）	94
안녕하세요 こんにちは。（朝・昼・晩と時間に関係なく）	3　52　124　126
안녕히 가세요. さようなら。（見送る人が言う）	52
안녕히 계세요. さようなら。（去る人が言う）	52
안녕히 주무세요. おやすみなさい。	53
안으로 中に	117
앉다 座る	102
앉았어요. 座りました。	102
알겠습니다. かしこまりました、わかりました。	127

알다 知る、わかる	89
알아요. 知っています、わかります。	89
압구정 アックジョン（狎鴎亭）	47　88
앞 前	32　49
애교 愛嬌	26
야구 野球	20
얘기 話	27
어디 どこ（疑問詞）	72
어디예요? どこですか?	73
어른 大人	40
어머니 お母さん	51
어서 오세요. いらっしゃいませ。	53
어서 오십시오. いらっしゃいませ（어서 오세요よりもフォーマル）	
어요 です・ます（動詞・形容詞平叙文）	90
어제 昨日	42　104　105
억 億	38
언니 お姉さん	51
언제 いつ（疑問詞）	72
언제예요? いつですか?	45
언제예요? いつですか?	73
얼마 いくら（疑問詞）	72
얼마나 どのくらい	125
얼마예요? いくらですか?	39　73　130
없어요. ありません／いません。（存在詞）	33　76
에 （時間・場所）～に	57
에게 （人）～に	57
에게서 （人）～から	57
에서 （時間・場所）～で	57
에서 （場所）から～	57
에어컨 エアコン	50
여권 パスポート	60　79　125
여기 ここ	67　125
여기 있습니다. ①ここにあります。②（物やお金などを渡すときに）どうぞ。	125
여기서 ここで、ここから	88　116　117　120
여기서 내려 주세요. ここで下ろしてください。	54

여덟　やっつ（固）	31　40	오사카　大阪	47
여동생　妹	51	오십　50（漢）	38
여든　80（固）	41	오이　キュウリ	16
여보세요．もしもし．	53　77	오전　午前	42
여섯　むっつ（固）	40	오후　午後	42　84
여우　キツネ	16	온돌　オンドル	50
여유　余裕	16	온돌방　オンドルの部屋	79
여자　女の人	20	올 거예요．来るつもり（予定）です．	111　113
여쭤 보다　お尋ねする、伺う	121	올해　今年	42
여쭤 봐도 돼요? お尋ねしても構いませんか?	121	옷　服	30
		와 주세요．来てください．	54
역 앞　駅前	93　105	와요．来ます．	27　87
역　駅	48	왔어요．来ました．	102
열　とお（固）	40	왜요? なぜですか?	28
열넷(열네)　14（固）	41	외할머니　（母方の）おばあさん	51
열다　開ける	93	외할아버지　（母方の）おじいさん	51
열다섯　15（固）	41	왼쪽　左側	49
열둘(열두)　12（固）	41	요리　料理	20
열셋(열세)　13（固）	41	요리 못 해요．料理できません．	98
열어요．開けます．	93	요리하다　料理する	85　98
열하나(열한)　11（固）	41	요리해요．料理します．	85
영화　映画	93　105	욕실　浴室	50
옆　横	49	우리　私たち	63　66
예　(네よりもフォーマル) はい	27	우유　牛乳	16　85
예뻐요．可愛いです．	56	우체국　郵便局	48
예순　60（固）	41	운동 못 해요．運動できません．	101
예약　予約	43	운동하다　運動する	101
예약하다　予約する	113	운전 못 해요．運転できません．	99
예약할 거예요．予約するつもりです．	113	운전하다　運転する	99
예요/이에요　〜です（名詞平叙文）	60	원　ウォン（韓国の通貨単位）	39
오　5（漢）	16　38	월　月	39
오 월　5月	43	월요일　月曜日	46
오 일　5日	44	위　上	29　49
오늘　今日	42　100	유 월　6月	43
오늘은 못 가요．今日は行けません．		육　6（漢）	38
（못否定文）	98	육 일　6日	44
오다　来る	87　94　97　102　111　113	은행　銀行	34　48　67　85　100
오른쪽　右側	49	은행원　銀行員	125
오빠　お兄さん	51	음력　陰暦	36

139

의자 椅子	29 50	일본 日本	33 47 109
이 2 (漢)	38	일시불 一回払い	130
이 李 (苗字)	58	일어나다 起きる	101
이 월 2月	43	일요일 日曜日	46
이 일 2日	44	일찍 早く	101
이거 (이것의 縮約形) これ	130	일하다 働く	85
이건 これは (이것은의 縮約形)	69	일해요. 働きます.	85
이것 (指示代名詞) これ	67 68	일흔 70 (固)	41
이것은 책이에요. 本 これは本です.		읽다 読む	99
(指示代名詞)	68	읽어요. 読みます.	91
이것이 뭐예요? これは何ですか?		입니다. 〜です.	58 124 126
(疑問詞疑問文)	72	입다 着る	91 102
이번 달 今月	42	입어 보다 着てみる	117
이번 주 今週	42	입어 볼 수 있어요? 着てみることができます	
이불 布団	50	か?	117
이십 20 (漢)	38	입어요. 着ます.	91
이십 일 20日	44	입었어요. 着ました.	102
이십구 일 29日	45	입장료 入場料	75
이십사 일 24日	45	입학 入学	35
이십삼 일 23日	45	있어요. あります/います (存在詞)	33 76
이십오 일 25日	45		
이십육 일 26日	45	**자**	
이십이 일 22日	45	작년 去年	42
이십일 일 21日	45	작아요. 小さいです.	56
이십칠 일 27日	45	잔 〜杯	40 128
이십팔 일 28日	45	잘 부탁합니다. よろしくお願いいたします.	53
이유 理由	16	잠깐만 기다리세요. 少々お待ちください.	
이제 もう	121	(잠깐만요. よりフォーマル)	128
이쪽으로 こちらに	127	잠깐만요. ちょっと待ってください.	77
이태원 イテウォン (梨泰院)	92 112	잡지 雑誌	35
이태원에 갈 거예요. イテウォン (梨泰院)		재미있다 面白い	93
に行くつもりです. (未来時制)	110	재미있어요. 面白いです.	93
인분 〜人分	128	저 私、わたくし	10 11 62 66
일 1 (漢)	38		67 78 84
일 월 1月	43	저건 あれは (저것은의 縮約形)	69
일 일 1日	44	저것 (指示代名詞) あれ	68
일 日	39	저기요. すみません (呼びかけ)	74
일곱 ななつ (固)	40	저녁 夕方	92
일본 사람 日本 (の) 人	62 64		

140

저는 일본 사람이에요. 私は日本人です。	
（名詞平叙文）	11　60
저는 학생이 아니에요. 私は学生ではありません。（名詞否定文）	64
저는 한국에 가요. 私は韓国に行きます。	10
전자레인지　電子レンジ	50
전화번호　電話番号	34
전화하다　電話する	102
전화했어요.　電話しました。	102
점원　店員	128
정　鄭（苗字）	58
제　（＝저의）私の	70
조　兆	38
좀　ちょっと	121
종류　種類	36
좋다　良い	35　87　97　105
좋아요.　良いです。	34　56　87
좋아하다　好きだ	82
좋아해요.　好きです。	82
좋았어요.　良かったです。	105
죄송합니다.　申し訳ありません。	52
주고 싶어요.　あげたいです。	109
주다　あげる、渡す	109
주말　週末	46
주부　主婦	20　63
주세요.　ください。	26　54
주스　ジュース	20　128
중국　中国	47
지갑　お財布	71
지금　今	78
지난달　先月	42
지난주　先週	42
지하철　地下鉄	97
짐　荷物	127
집　家	85　96

짜

짜요.　しょっぱいです。	26　55
찍다　(写真を)撮る	119

찍어도 돼요?　(写真を)撮ってもいいですか?	
	119

차

차　お茶	21
차가워요.　冷たいです。	55
창문　窓	93
책　本	30　69
처음 뵙겠습니다.　はじめまして。	53　124
천　千	38
천만　千万	38
천만에요.　どういたしまして。	53
청소를 안 해요.　掃除しません。	95
청소하다　掃除する	85　95
청소해요.　掃除します。	85
체크아웃　チェックアウト	126
초　〜秒	41
최　崔（苗字）	58
추워요.　寒いです。	28　56
출발하다　出発する	113
출발할 거예요.　出発するつもりです。	113
취미　趣味	75
치마　スカート	21
친구　友達	61　62　65　66　77
	89　93　100　104
칠　7（漢）	38
칠월　7月	43
칠 일　7日	44
침대　ベッド	50

카

카드　カード	22
커요.　大きいです。	22　56
커피　コーヒー	11　22　69
코　鼻	22
코트　コート	22

타

타다　乗る	86　97　105　118

141

타도 돼요? 乗ってもいいですか？		118
타요. 乗ります。	86	88
탔어요. 乗りました。		105
택시 タクシー	88	105
택시를 타요. タクシーに乗ります。(動詞・形容詞平叙文)		86
테이블 テーブル		50
텔레비전 テレビ		50
토마토 トマト		22
토요일 土曜日		46
티머니 카드 T-money カード		71

파

팔 8 (漢)		38
팔 월 8月		43
팔 일 8日		44
편의점 コンビニ		48
평일 平日		46
표 チケット、切符	22	113
프랑스 フランス		47
프런트 フロント		126
피우다 (タバコを) 吸う		117
피울 수 없어요 (タバコを) 吸うことができません		117

하

하고 ～と	57	104
하나(한) ひとつ (固)	23	40
하다 する	82	118
하루 一日		23
학과 学科		11
학교 学校		48
학생 学生	35 61 63	66
한국 돈 韓国のお金		125
한국 드라마 韓国(の)ドラマ		89
한국 사람 韓国(の)人	62	67
한국 음식 韓国(の)食べ物、韓国料理		101
한국 韓国	33	47
한국말 잘하시네요. 韓国語がお上手ですね。		3

한국말 韓国(の)言葉		109
한국어 韓国語		33
한복 韓服		117
할머니 おばあさん		51
할아버지 おじいさん		51
해/아/어도 돼요? ～てもいいですか？(許可表現)		118
해도 돼요? してもいいですか？		118
해요 ～です・ます (動詞・形容詞平叙文)		82
해요. します。		82
했어요/았어요/었어요 ～でした・ました (過去時制)		102
허리띠 ベルト		24
형 お兄さん (弟がお兄さんを呼ぶとき)		51
호텔 ホテル		48
화요일 火曜日		46
화장실 トイレ		73
화장품 化粧品	65	108
회사 会社	11 28	48
회사원 会社員	61 62 63	66
후추 コショウ		23
휴대폰 携帯電話		79

● **監修者紹介** ●

増田 忠幸（ますだ ただゆき）
1956年埼玉県川越市生まれ。ICU卒。NHKテレビ・ラジオハングル講座・講師。
秀林外語専門学校・講師。よみうり文化センター川越・講師。
著書：『韓国語のしくみ』（白水社）『つたえる韓国語』（入門編／基礎編／応用編）（三修社）
『韓国語をはじめよう！』（すばる舎）『コツコツ君が行く！ 韓国語レッスン30日』（アスク出版）
『일본문화로 배우는 일본어 청해＋독해（日本文化で学ぶ日本語聴解＋読解）』（니혼고 팩토리）他

● **著者紹介** ●

栗畑 利枝（くりはた としえ）
千葉県出身。慶熙大学外国語学部韓国語学科卒業。
韓国 文化体育観光部 韓国語教師資格2級、日本政府観光局通訳案内士（韓国語）。
韓国語及び国際観光、通訳ガイド、翻訳講師として教鞭をとるかたわら、法務省、財務省職員、スポーツ選手への語学指導にもあたる。

はじめての超カンタン韓国語　MP3対応 CD-ROM 1枚付

2015年 6月25日 初版1刷発行
2016年10月20日 初版2刷発行

著者	増田 忠幸 ・栗畑 利枝
装丁・本文デザイン	die
イラスト	下田 麻美
ナレーション	李 美賢／福田 奈央
DTP・印刷・製本	音羽印刷株式会社
CD-ROM 制作	株式会社中録新社
発行	株式会社 駿河台出版社
	〒101-0062 東京都千代田区神田駿河台3-7
	TEL 03-3291-1676 ／ FAX 03-3291-1675
	http://www.e-surugadai.com
発行人	井田 洋二

許可なしに転載、複製することを禁じます。落丁本、乱丁本はお取り替えいたします。

© TOSHIE KURIHATA 2015　Printed in Japan
ISBN　978-4-411-03096-2　C1087